AMOR & GOZO:
mais, ainda

Elisa Alvarenga
+
Lucíola Macêdo

AMOR & GOZO:
mais, ainda

© Elisa Alvarenga, 2023
© Lucíola Macêdo, 2023
© Quixote+Do Editoras Associadas, 2023

Conselho editorial Alencar Fráguas Perdigão + Cláudia Masini
Editora responsável Luciana Tanure
Editor João Camilo de Oliveira Torres
Editor assistente Guilherme Coelho
Tecnologia de informação Alessandro Guerra
Projeto gráfico Julio Abreu
Revisão Luiz Morando

Nesta edição, respeitou-se o Acordo Ortográfico da Língua Portuguesa de 1990, que entrou em vigor no Brasil em 2009.

Catalogação na publicação

M141 Alvarenga, Elisa
Amor & gozo: mais, ainda / Elisa Alvarenga, Lucíola Macêdo. – Belo Horizonte: Quixote+DO, 2023.
224 p.; 15,5 x 22 cm
ISBN 978-65-86942-95-8
1. Psicanálise. I. Alvarenga, Elisa. II. Macêdo, Lucíola. III. Título.

CDD 150.195

Índice para catálogo sistemático
I. Psicanálise

Elaborada por Bibliotecária Janaina Ramos – CRB-8/9166

 Rua Alagoas, 1.270 / sl. 304 – Savassi
30.130-168 – Belo Horizonte/MG
editoraquixote@gmail.com
[31] 3141 1256
quixote-do.com.br
instagram.com/quixote.do
facebook.com/QuixoteDoEditora

Sumário

Apresentação – *Laura Rubião*   9

I. HÁ UM E NÃO HÁ RELAÇÃO SEXUAL   13

    O laço entre amor e gozo   13
    Signo   15
    Outra satisfação   16
    Conjunção entre amor e gozo   17
    O gozo não tem contrário   20
    Há Um   22
    a-muro   30
    Não há relação   32

II. A SUBSTÂNCIA GOZANTE E O AMOR: MUDANÇA DE DISCURSO   36

    Um gozo envolto em sua própria contiguidade   36
    Um corpo se goza   38
    Substância   39
    As substâncias lacanianas   40
    O significante é causa de gozo   42
    Lapso ortográfico   44
    Aquiles x Don Juan   45
    Contingência   48
    Linguisteria   49
    Um novo amor   52

III. A FUNÇÃO DO ESCRITO E OS DESTINOS DA LETRA 55

Jakobson 55
Gramática 56
"Publixar" 58
Laço social 62
Ontologia 63
Significante besta 65
Corpo furado 66
Compreender e explicar 66
Ler e escrever 68

IV. NA TERRA DA LETRA E NAS ÁGUAS DO GOZO 74

Do "girar eterno da esfera estelar" 74
Uma velha conta 77
Subversões millerianas 79
Lituraterra 81
Letra 84
O número de ouro 86
Do Um ao Outro 87

V. ALGO NOVO NO AMOR 90

Um amor para além da castração 90
Outra satisfação 91
A linguagem como aparelho de gozo 94
Aristóteles e Freud 95
Retorno a Freud 97
O utilitarismo, o necessário e o contingente 99

VI. EXPERIÊNCIA MÍSTICA E GOZO SUPLEMENTAR 104

"Ler-amar odiar" 104
Questões em progresso 106
Lacan e a experiência mística 112
Deus e o gozo d'A Mulher: Lacan e Kierkegaard 119

VII. A SEXUAÇÃO 128

Letra/carta de almor 128
As fórmulas da sexuação 129
Psicanálise x psicologia 132
Amor e gozo 135
O amor cortês 136
Gozo da fantasia e gozo feminino 138
Ser e existir 139

VIII. SABER LER O PONTO OPACO DO GOZO 143

"A posição do linguista" e a do psicanalista 144
Amódio 150
De volta ao começo para concluir 154
Sobre a contingência do falo 155

IX. SOB O SIGNO DOS PEQUENOS ACASOS 161

Nas águas do barroco 161
Aristóteles e a ciência comportamental 165
Finura de lalíngua 168
O gozo como diz-mansão do corpo 169

X. "O REAL É O MISTÉRIO DO CORPO FALANTE"   172

    a : semblante   172
    Ex-sistência   174
    O nó borromeano   178
    Enodamento psicótico e neurótico   181
    Lalíngua e o nó   184

XI. CONTINGÊNCIA CORPORAL   188

    Um passo adiante antes de concluir   188
    Gregory Bateson   189
    Inconsciente, saber, lalíngua   192
    O rato no labirinto e os cães de Pavlov   193
    S_1 : enxame   196
    Exílio e encontro no amor   198
    O rato e a rata   202

Apresentação

LAURA RUBIÃO

Há alguns anos, os eventos sediados pelas Escolas do Campo Freudiano vêm adotando o último ensino de Lacan como bússola para sustentar a prática da psicanálise em nossa época. O presente livro é fruto de um seminário ministrado por Elisa Alvarenga e Lucíola Macêdo na Seção Minas Gerais, o qual foi inspirado pelo tema da XXIV Jornada da EBP-MG – Mutações do laço social: o novo nas parcerias.[1]

Nesse sentido, podemos dizer que este livro chega até o leitor não apenas como um excelente roteiro de leitura de um dos mais importantes seminários de Lacan, mas também como um acontecimento político, ou seja, como efeito de um gesto mais amplo, que se traduz por um verdadeiro esforço de transmissão da psicanálise, levando às últimas consequências a fase final da obra de Lacan. Esse gesto ganha corpo a partir de um movimento de decantação, a ser expresso por algumas questões fundamentais: para que serve a psicanálise no mundo atual? Como cernir suas consequências clínicas e epistêmicas para além de seus próprios conceitos de base – o Édipo, a estrutura parental, o Nome-do-Pai? Como fazê-la pertencer a uma época cuja fluidez generalizada muitas vezes implica uma recusa do domínio da interpretação? Como ancorá-la, conservando, ao mesmo tempo, seu germe de subversão frente aos discursos que compõem as engrenagens tentaculares do mestre contemporâneo?

É preciso ressaltar o rigor, a clareza e a desenvoltura teórica com que as autoras abordam temas áridos, como a inexistência da relação sexual; o gozo feminino como conjunto aberto ao infinito ou como expressão

---

[1] Jornada realizada em 2020 durante a Diretoria de Helenice de Castro e coordenada por Elisa Alvarenga e Lucíola Macêdo.

do gozo 'não-todo fálico' e o modo como o significante pode apresentar-se ao falasser como "causa de gozo" e não como fonte de sentido. Tais conceitos, pilares do Seminário 20 e esteio do último ensino de Lacan, podem servir de âncora e baliza para situar o discurso analítico em nossa época, pois conservam o lastro do real como orientação clínica, política e epistêmica.

Este livro tem ainda, a meu ver, a força e o valor de um ato que se impõe como um 'ato cirúrgico', capaz de promover um corte, uma demarcação precisa para o campo de atuação da psicanálise de orientação lacaniana em nossos dias, tornando possível separá-lo das muitas leituras superficiais e distorcidas às quais vem se submetendo, seja no cotidiano midiático das redes sociais, seja na perspectiva de abordagens universitárias um tanto apressadas.

Essas leituras não hesitam em acoplar, por exemplo, o inusitado domínio do gozo do falasser – apreensível sob diversas declinações ao longo do último ensino de Lacan – às margens estreitas de um suposto binarismo regido pela lógica fálica e insistentemente atribuído ao legado psicanalítico. Ofertam-nos, em contrapartida, todo um leque de escolhas metonímicas que formam o domínio do chamado poliamor, à venda como produto *prêt-à-porter*, em um mercado que, habilmente, difunde a ideia de que não há qualquer obstáculo que se interponha nos encontros entre os sexos. Segundo essa lógica, temos a ilusão de que somos um corpo – produto da ciência e do capitalismo – e nada devemos querer saber do muro, menos ainda do *(a) muro* inerente ao gozo do ser falante. Propaga-se, desse modo, a impressão de que se é sempre livre no trato com o gozo que vem se encarnar em um objeto sob medida, conveniente e adequado à performance individual. Essa pretensa liberdade com as parcerias amorosas incrementa o que Éric Laurent chamou a "utopia do semblante generalizado"[2], mas fracassa em eliminar a angústia, que nos é reportada diariamente na clínica.

Em tempos em que o discurso do direito ao gozo vem solapar qualquer vestígio da enunciação analisante, é preciso dar voz ao que pode

---

2 Laurent, É. Gênero e gozo. *Curinga*, Belo Horizonte, Escola Brasileira de Psicanálise – Seção Minas Gerais, n. 45, p. 29, jul./dez. 2017.

ser lido de outra maneira no trato com a experiência de um real que não desiste de tornar consequente a dimensão abissal, incurável e inassimilável do espaço que se abre entre significante e significado. Esse pode ser o espaço aberto à invenção contingente de cada um com seu próprio modo de gozo.

Apenas as diretrizes que orientam a clínica borromeana do sinthoma, apoiada nos avatares do 'mistério do corpo falante', nos permitem fazer frente a esses discursos, ressituando a psicanálise num mundo que guarda as marcas da evaporação do pai.

Por não ter nada de universal, o discurso analítico não pode ser matéria de ensino, no sentido tradicional do termo. Creio que a leitura deste livro nos aproxima da pergunta formulada por Lacan em 1978: "como ensinar o que não se ensina?"[3]. Sem qualquer ambição de fechar um círculo de enunciados coesos que aspirem a formar um todo, Elisa e Lucíola tangenciam em sua transmissão o que Lacan chamou de *varité*[4], a saber, aquilo que da verdade pode ser tocado pelo furo, propiciando-nos uma leitura arejada e criativa.

Se Lacan afirma que seus escritos não são para ser lidos, sabemos que seus seminários produziam também um efeito particular de opacidade, marcada por uma efervescência própria ao ambiente político e cultural em que eram transmitidos, pela agudeza do estilo lacaniano de transmissão oral e pela diversidade da plateia, numerosa e heterogênea. Vale lembrar o filme de Gérard Miller que, ao recolher depoimentos de muitos de seus frequentadores, ressalta o efeito surpresa daqueles encontros. Éric Laurent chega a dizer que Lacan operava a partir do registro do equívoco da língua, permitindo que cada ouvinte se apropriasse dessa matéria de modo singular, pela via de seu sinthoma.

Elisa e Lucíola, leitoras atentas e fiéis a essa irregularidade, percorrem com elegância os múltiplos fios e referências que compõem o intrincado

---

[3] Lacan, J. Transferência para Saint Denis? Lacan a favor de Vincennes! *Correio, Revista da Escola Brasileira de Psicanálise*, São Paulo, n. 65, p. 31, 2010.
[4] Lacan, J. *Le séminaire, livre XXIV: L'insu que sait de l'une-bévue s'aile à mourre.* (1976-1977) Texte établi par Jacques-Alain Miller. Lição de 19/04/1977. *Ornicar? Bulletin du Champ freudien*, n. 17/18, p. 11. Trata-se da fusão dos vocábulos *Vérité* (verdade) e *Varieté* (variedade).

tecido do pensamento de Lacan – que vão da lógica à matemática, passando pela filosofia, pela linguística, pela literatura e pela *lituraterra* joyceana –, amarrando-os sem arrematá-los de modo definitivo. A verdade pode, então, irromper em sua variedade de origem, reservando ao leitor o devido espaço para colocar aí algo de si e eleger o fio a ser puxado de sua própria meada.

I

Há Um e não há relação sexual

LUCÍOLA MACÊDO:

O laço entre amor e gozo

Antes de tudo, gostaria de dizer da imensa alegria de compartilhar com Elisa Alvarenga – e agora também com vocês – uma leitura, lição por lição, do Seminário 20, *Mais, ainda*. Quando nos encaminhávamos para a conclusão dos trabalhos da XXIV Jornada da EBP-MG, nos demos conta de que queríamos continuar a trabalhar o Seminário 20. Havia comentado com Elisa Alvarenga sobre o meu desejo de dar continuidade a uma investigação em curso sobre a mística cristã e o gozo suplementar a partir da perspectiva aberta por Lacan nesse seminário. Elisa, por sua vez, me disse de seu desejo de prosseguir trabalhando o seminário tendo em vista a sua centralidade para os temas de investigação em curso em nossa comunidade de trabalho neste momento. Redigimos uma breve proposta e aqui estamos!

Este foi o primeiro seminário de Lacan que li na íntegra. Não faz muito tempo, fui convidada pela *Bibliô*, publicação das Bibliotecas da EBP, a dizer qual tinha sido o livro que mais havia me marcado em minha formação. Naquele instante irrompeu, fulgurante, a memória da primeira experiência de leitura do Seminário 20, *Mais, ainda*. Quando estudante, bem no início do curso de Psicologia, os seminários de Lacan não deixavam lugar para meios-tons. Ou se amava, ou se odiava. Foi ali que me apaixonei! Fiz à época uma leitura por imersão, sem tentar muito entender. Foi uma paixão sem volta, que se transformou em amor pelo texto de Lacan, antes mesmo do amor de transferência eclodir para mim no espaço de uma análise ou de uma Escola de psicanálise.

Diferentemente dos *Escritos*, onde Lacan nos apresenta o caminho de suas formulações a partir de seus pontos de escansão, nos Seminários o acompanhamos em seus múltiplos e labirínticos itinerários. Em sua procura, há os passos certeiros, mas também as voltas em torno de um ponto ainda não suficientemente elucidado. Um aspecto que me chama a atenção nesse seminário é o modo como Lacan se serve da linguagem, muito diferente da maneira como o fez nos seminários anteriores. Ele parece colocar em prática na própria transmissão aquilo que formula a propósito da equivocidade como chave da interpretação, formulada em "O aturdito" poucos meses antes de dar início às lições do Seminário 20. Ele não nos poupa dos aforismos, das alusões e dos ditos que não nos entregam sua significação de um único e só golpe.

Quais questões movem Lacan neste *Mais, ainda*? Observem que o cerne das questões formuladas no decorrer das onze lições já está posto, meio às secas, na primeira lição. O título "Do gozo", outorgado por Jacques-Alain Miller ao estabelecer o seminário, nos indica seu ponto de partida. Entre as primeiras questões, temos: "O que é o gozo?" e, na sequência, "Do que é que se trata, então, no amor?". Eis seu ponto de partida: tensionamentos, disjunções e conjunções entre o amor e o gozo são trazidos à luz, vertiginosamente, atravessando o seminário do início ao final.

O laço entre amor e gozo é colocado por Lacan no que tange ao gozo sexual com a evocação do paradoxo de Zenão: Aquiles e Briseida estão no mesmo barco, ou melhor dizendo, na mesma corrida, mas jamais estarão juntos no mesmo ponto do percurso, sempre um milésimo de segundo atrás, ou adiante. Entre amor e gozo conhecemos bem, sob o marco da medida fálica, os termos de sua disjunção: o gozo encerra cada um dos dois sexos em si mesmo... não há diálogo entre os sexos.[1] O gozo sexual se especifica por um impasse "que nos conduz ao impossível de estabelecer a relação [...] *dos* [...] dois sexos"[2]. É justo no nó dessa impossibilidade, não sem antes recorrer e subverter para seus próprios fins a lógica modal aristotélica, que Lacan recorrerá, em sua ajuda, ao laço social operado

---

1 Cf. Miller, J.-A. *El ultimísimo Lacan.* (2006-2007) Buenos Aires: Paidós, 2013. p. 239.
2 Lacan, J. *O seminário*, livro 20: *Mais, ainda.* (1972-1973) Texto estabelecido por Jacques-Alain Miller. Rio de Janeiro: Jorge Zahar Ed., 1985. p. 14. Grifo nosso.

pelos discursos, questão que retomaremos em nosso comentário da lição V, "Aristóteles e Freud: a Outra satisfação". Se no nível do real do gozo não existe relação sexual, *Mais, ainda*, dirá Lacan, "é o nome próprio dessa falha de onde, no Outro, parte a demanda de amor"[3].

Signo

Lacan recorre ao signo ao afirmar que "*O gozo do Outro*, do Outro com A maiúsculo, *do corpo do Outro que o simboliza, não é o signo do amor*"[4]. Assertiva que atravessa como um fio de Ariadne o curso do seminário, do início ao final.

Antes de prosseguir, retomemos brevemente as coordenadas gerais do conceito de signo na filosofia. Signo é "qualquer objeto ou acontecimento usado como menção de outro objeto ou acontecimento". Em sentido restrito, é "a possibilidade de referência de um objeto ou acontecimento *presente* a um objeto ou acontecimento *não-presente*"[5]. Para os estoicos, é "aquilo que é indicativo de uma coisa não manifesta"[6]. É ainda "uma relação de referência entre dois termos conexos"[7]. O filósofo Guilherme de Ockham, no século XIV, definiu o signo como "tudo aquilo que, uma vez apreendido, permite chegar a conhecer alguma outra coisa"[8]. Já no século XX, chegamos à referência que é o ponto de partida de Lacan, ao recorrer a Charles Sanders Peirce. Após dar a definição tradicional do signo "como 'algo' que uma vez conhecido conhecemos outra coisa", Peirce acrescenta que signo "é um objeto que, por um lado, está em relação ao seu objeto, e por outro lado, com relação a um interpretante, de modo que produz entre o interpretante e o objeto *uma relação correspondente* à sua própria relação com o objeto"[9]. Ou seja, uma relação triádica entre o próprio signo, seu objeto e o interpretante. Tudo indica

---

3 *Ibidem*, p. 12-13.
4 *Ibidem*, p. 12. Grifos do autor.
5 Abbagnano, N. *Dicionário de filosofia*. São Paulo: Martins Fontes, 2003. p. 894. Grifo nosso.
6 *Ibidem*.
7 *Ibidem*.
8 *Ibidem*, p. 895.
9 *Ibidem*, p. 895. Grifo nosso.

que seja a esta "relação de correspondência" no interior da semiótica peirceana o que desliza para a articulação feita por Lacan entre o signo de amor e a reciprocidade ao afirmar: "O amor, certamente, faz signo, ele é sempre recíproco"[10].

Lacan agrega, em seguida, a propósito da reciprocidade – "os sentimentos, isto sempre é recíproco. [...] É mesmo por isso que se inventou o inconsciente"[11] –, circunscrevendo os contornos de sua assertiva. Mas nem por isso o horizonte da reciprocidade no amor ao qual se refere nesta lição se limita ao especular. O que se demonstra a propósito da reciprocidade na anedota da periquita que se enamora de Picasso por sua maneira bizarra de se vestir é que por trás da relação com o Outro o amor é identificação não exatamente no plano imaginário-simbólico, apenas. O que se ama é aquilo que do gozo próprio se reconhece no Outro e ganha abrigo aí. A essência do amor, dirá Miller em *Los signos del goce*, não é a relação com o Outro, mas uma relação ao Um em que, no final das contas, cada qual permanece parceiro de sua solidão.[12]

Outra satisfação

Pois bem, no horizonte das questões postas por Lacan neste seminário, em quê o signo se diferencia do significante? Para dizer brevemente, sigamos com Miller em *Los signos del goce*, onde ele aponta a função do signo não como correlata à teoria do significante e do inconsciente estruturado como uma linguagem, tal como postulado no primeiro ensino, mas como uma função correlata ao gozo.

Correlata, portanto, à conjunção operada por Lacan na nona lição do Seminário *Mais, ainda*, quando afirma: "onde isso fala, isso goza"[13]. Aqui a palavra é uma "palavra gozante/ *parole juissante*"[14], e o recurso ao

---

10 Lacan, 1972-1973/1985, *op. cit.*, p. 12.
11 *Ibidem*.
12 Miller, J.-A. *Los signos del goce*. (1986-1987) Buenos Aires: Paidós, 1998. p. 376.
13 Miller, J.-A. O monólogo da aparola. (1996) *Opção Lacaniana online nova série*, São Paulo, ano 3, n. 9, p. 14, nov. 2012. Cf. ainda Lacan, 1972-1973/1985, *op. cit.*, p. 156.
14 Cf. Miller, J.-A. *La fuite du sens*. Curso proferido em 1995-1996. Lição II, de 29/11/1995. Tradução nossa. (Inédito)

signo se faz na medida em que extrapola a combinatória significante-
-significado. O sentido ou descamba para o seu cúmulo ou para uma
fuga de sentido, para sua equivocidade, ao mesmo tempo em que traça
os contornos do furo por onde escapa.[15]

O que Lacan propõe como gozo da fala toca a Outra satisfação, uma satisfação que se realiza e se extrai da própria linguagem, conferindo um valor radical a essa conjunção entre o gozo e a fala, que não se articula apenas ao significante, mas também ao corpo: isso que se anima nessa dimensão gozante da fala, se estende e se expande, uma vez que o "querer gozar" é sobrepassado por um "querer dizer", ou seja, é a dimensão de um dizer imbuído de gozo o que está em primeiro plano aqui.[16] É isso que Lacan formula quando afirma que "é preciso reconhecer a razão de ser da significância, no gozo do corpo"[17]. O significante é gozo na medida em que não há gozo do corpo senão por intermédio do significante, mas ao mesmo tempo, somente há gozo do significante porque o ser da significância está enraizado no gozo do corpo.[18]

As palavras, em uma análise, podem ser tomadas como significantes que se articulam produzindo significados. Elas podem também operar por meio de uma íntima conexão entre significância e gozo, ou seja, por meio do que Lacan formulou sob a égide do significante fálico. Ou podem se apresentar como signos que se depositam interrompendo a sequência da fala que tende a se infinitizar. É o caso, por exemplo, do traço irredutível de gozo do sinthoma, e ainda, na perspectiva do corpo falante, dos traços de afetação que irrompem no tecido do corpo de gozo.

Conjunção entre amor e gozo

Como entender a afirmação de que o gozo do Outro, do corpo do Outro que o simboliza, não é signo do amor?

---

15 *Ibidem*.
16 Miller, J.-A. Teoria de Turim: sobre o sujeito da Escola. (2000) *Opção Lacaniana online nova série*, São Paulo, ano 7, n. 21, p. 1-16, nov. 2016.
17 Lacan *apud* Miller, J.-A. *El partenaire-síntoma*. (1997-1998) Buenos Aires: Paidós, 2008. p. 396.
18 *Ibidem*, p. 398.

Se no registro simbólico o falo é o significante privilegiado para dizer da posição sexual no Outro como uma marca da diferença, como a conotação de uma falta, no Seminário 20 vemos Lacan se distanciar da perspectiva do falo como significante da falta ao postular o gozo fálico como sendo aquele que não faz laço, como gozo do órgão, ou "gozo do idiota", o que se desdobra com o problema de saber como é que pode haver amor por um outro. A solução para este problema dá-se, inicialmente, com a contraposição entre o gozo fálico, como gozo do órgão, e o amor, como princípio do laço social.

Mas esse não é o ponto de chegada de Lacan neste seminário. Ele avançará, em relação ao que estava posto no início com as tábuas da sexuação e a formulação do gozo suplementar, a partir dos quais, sobretudo na última lição, lançará algumas coordenadas sobre as quais Miller formulará a sua teoria do parceiro-sintoma.

Neste seminário, do lado dito mulher das fórmulas da sexuação, Lacan postula o gozo não-todo, que se ancora no falo de um modo diferente do que ele designa por "gozo do idiota", pois se abre ao Outro por meio do outro gozo e da satisfação que daí se obtém. Lacan postulará ainda o gozo suplementar como um "gozo-ausência". A experiência do outro gozo "se apresenta quer como presença de Outra coisa, quer como ausência de uma instância de percepção e de representação que poderia responder a isso"[19], mas é preciso um corpo para gozar.

Do lado feminino, Lacan aponta para uma espécie de amor. Evoco aqui a expressão que Helenice de Castro recuperou do texto de Graciela Bessa publicado no livro da XXIV Jornada da EBP-MG: trata-se de um amor "tecido no gozo"[20]. Aqui temos não uma disjunção, mas uma conjunção entre amor e gozo. Lacan se interroga como se daria o laço entre amor e gozo, tendo como bastião uma lógica diferente da lógica fálica, pautada no universal[21]. Como se daria esse laço, considerando o

---

19 Laurent, É. *O avesso da biopolítica*: uma escrita para o gozo. Rio de Janeiro: ContraCapa, 2016. p. 17-18.
20 Bessa, G. Autorizar-se no feminino abre a via para o novo amor? In: Alvarenga, E.; Macêdo, L. (orgs.). *Mutações do laço social*: o novo nas parcerias. Belo Horizonte: EBP-MG, 2021. p. 214.
21 Cf. Miller, 1986-1987/1998, *op. cit.*, p. 274-275.

que em "O aturdito" é designado sob a rubrica do *heteros*? Do lado feminino, tratar-se-ia de fazer passar pelo amor um gozo sobre o qual nada se pode dizer.[22]

Vale ressaltar, portanto, que não será unicamente pela via do amor que Lacan buscará saídas para os impasses do laço entre um/a e o Outro. Ele as buscará por diferentes caminhos: seja por meio da postulação do gozo feminino e do *heteros*, seja pela via do sintoma. Como propõe Miller, no nível sexual o Outro, uma vez esvaziado, desvanecido, se converterá em um sintoma do falasser, em parceiro-sinthoma como meio de gozo.[23]

Se no início de seu Seminário *Mais, ainda* Lacan relança o gozo fálico, é para avançar rumo à postulação de uma modalidade de gozo imiscuída de amor, numa espécie de solução entre amor e gozo.[24] Trata-se fundamentalmente de um gozo relativo a $S(\cancel{A})$[25], ou seja, ao que corresponde ao índice de uma perda, de uma falha, de um furo, de uma ausência, índice daquilo que não tem lugar na ordem simbólica e a desestabiliza.[26]

Lacan indaga: "de onde parte o que é capaz [...] de responder pelo gozo do corpo do Outro?"[27] Não é do amor, e sim do amuro. O amuro é o que aparece sob a forma de signos bizarros no corpo, os caracteres sexuais secundários tomados por Lacan como traços. Mas não é nem mesmo "destes traços que depende o gozo do corpo, no que ele simboliza o Outro"[28] enquanto *heteros*, dirá Lacan. Pois se existe um gozo que se conecta com o próprio corpo, não é certo que o signo de amor dê acesso ao corpo do Outro. Elisa Alvarenga retomará essa questão como ponto de inflexão a partir do qual Lacan diferencia o "Há Um" formulado a partir da lógica e da matemática, do Eros fusional freudiano, para o qual formula o amuro como resposta.

---

22 Cf. Táboas, C. G. *Mujeres, claves místicas medievales el Seminario 20 de Lacan*. Buenos Aires: Tres Haches, 2010. p. 11.
23 Miller, 1997-1998/2008, *op, cit.*, p. 408.
24 Miller, 1995-1996, *op. cit.* Lição XI, de 28/02/1996. Tradução nossa. (Inédito)
25 Lacan, 1972-1973/1985, *op, cit.*, p. 41.
26 Miller, 1995-1996, *op. cit.* Lição X, de 21/02/1996. Tradução nossa. (Inédito)
27 Lacan, 1972-1973/1985, *op, cit.*, p. 13.
28 *Ibidem*.

O gozo não tem contrário

É fato que neste seminário nos deparamos com formulações e conceitos que tentam dar conta dos arranjos e das invenções híbridas entre significante e gozo (amuro, almor, lalíngua, falasser). Por isso, antes de passar a palavra para Elisa, irei me deter por mais alguns instantes na primeira frase enunciada por Lacan nesta lição inaugural do Seminário 20. Tal frase certamente lançará luzes sobre o desejo que o anima, e sobre o qual diz com o tempo ter aprendido que poderia dizer um pouco mais, o que o levou, desde a sua posição analisante (que é aquela que declara ocupar quando profere seus seminários), a enunciar que o seu caminhar no Seminário *A ética da psicanálise* era da ordem do "não quero saber nada disso"[29]. Vejamos o que ele diz: "Me aconteceu de não publicar *A ética da psicanálise*". À diferença do Seminário 20 – publicado quando Lacan ainda era vivo e com seu assentimento –, *A ética da psicanálise*, proferido em 1959-1960, foi publicado postumamente apenas em 1986, ou seja, vinte e seis anos depois.

Pois bem, por que será que Lacan alude nesta primeira lição de *Mais, ainda* ao Seminário 7, *A ética da psicanálise*? Encontramos algumas pistas para esta pergunta já nas linhas seguintes, quando novamente menciona o Seminário 7 para situar questões atinentes ao gozo. Recordem que foi no Seminário 7 que pela primeira vez Lacan conferiu ao gozo o estatuto de real, ainda que o real naquele seminário esteja posto de modo muito diferente de como o formulou em seu último ensino, sendo justamente isso que o leva a afirmar na lição V do Seminário 20 que o Seminário *A ética da psicanálise* é o único que ele reescreveria. Há mais de uma razão para isto.

No Seminário 7, Lacan se lança numa intensa e vigorosa interlocução com a *Ética a Nicômaco*, de Aristóteles, e também com os princípios da moral kantiana. A ética da psicanálise, à diferença da ética "do meio-termo" aristotélica, como também do imperativo categórico kantiano, não visa a felicidade (*Eudaimonia*), o bem, o belo ou o dever moral. Ela joga a sua partida com o gozo em sua vertente real, formulado naquele

---

29 *Ibidem*, p. 9.

seminário como gozo absoluto, encapsulado em *das Ding*. A satisfação pulsional, aqui, não se encontra no imaginário ou no simbólico, que fracassam em sua missão de conter o gozo, que deveria ser evitado, pois será sempre antinômico ao prazer. Como o gozo está posto fora do simbólico, não é possível acedê-lo senão por um forçamento. Daí o elogio da transgressão heroica e a profusão de heróis que perpassam o Seminário 7. O exemplo paradigmático aqui é Antígona, que, tendo franqueado as barreiras da cidade, da lei e do belo, avança rumo à zona de horror que o gozo absoluto comporta.

Em contraposição ao gozo como transgressão do Seminário 7, Lacan lança múltiplas assertivas ao longo do Seminário 20 que indicam que o gozo está em toda parte, é deslocalizado e inseparável da linguagem. Ele propõe uma contraposição entre o gozo como instância negativa e o útil: "o gozo é aquilo que não serve para nada"[30], ou seja, não tem utilidade alguma. Este tema se desdobrará na lição V, "Aristóteles e Freud: a outra satisfação", numa contraposição entre a ética aristotélica e o utilitarismo de Jeremy Bentham. Fará também uma objeção ao chamado "direito ao gozo", pois "o direito não é o dever. Nada força ninguém a gozar, a não ser o super-eu"[31] em sua injunção imperativa: – Goza!

O que essa retomada do Seminário 7 esclarece é que quanto ao gozo, a lei é inoperante: o gozo está de todos os lados, tanto do lado do desejo proibido, anulado, inibido, quanto do desejo que se realiza. Ou seja, o gozo não tem contrário e não se negativiza pela proibição, nem pela significantização, como queria Lacan com a formulação da metáfora paterna. O gozo é o gozo do corpo, embora sustentado pela linguagem.[32]

Há, por fim, um terceiro, e o mais forte motivo de Lacan, para sua "reextração" de *A ética da psicanálise*, que também só irá se revelar na lição V do Seminário 20: no Seminário 7, o gozo se encontra totalmente separado da relação sexual, enquanto em *Mais, ainda* estará sempre referido a ela, enquanto inexistente: "Se a relação sexual não existe,

---

30 *Ibidem*, p. 11.
31 *Ibidem*.
32 Miller, J.-A. *Perspectivas dos Escritos e Outros escritos de Lacan*: entre gozo e desejo. (2008-2009) Rio de Janeiro: Jorge Zahar Ed., 2011. p. 205-208.

não há damas. [...] É meu verdadeiro tema deste ano, por trás desse *Mais, ainda*, e é um dos sentidos do meu título"[33]. Eis o desejo de Lacan neste Seminário 20, e do que se trata nessa "reextração": "talvez assim eu chegue a fazer aparecer algo de novo sobre a sexualidade feminina"[34]. Eis a sua aposta, nada menos que isso!

ELISA ALVARENGA:

Há Um

O Seminário 20 de Jacques Lacan foi publicado em francês em 1975, quando Lacan ainda estava vivo, e em português em 1982. Foi precedido apenas pelo Seminário 11.

Podemos nos perguntar por que Lacan assentiu na publicação tão rápida deste seminário, realizado em 1972-1973, cujo texto foi estabelecido por Jacques-Alain Miller. Ele foi precedido pela publicação do texto "Lituraterra", de 1971, e seguido pela publicação de "O aturdito", de 1973, que, no entanto, Lacan havia pronunciado em 1972. Ambos estão em *Outros escritos*. O Seminário 20 é precedido pelo 19, *...ou pior*, mas as fórmulas da sexuação começam a ser gestadas desde o Seminário 18, *De um discurso que não fosse semblante*. No mesmo ano do Seminário 19, Lacan sustentou no Hospital Sainte-Anne, em paralelo, o Seminário *O saber do psicanalista*, publicado em português no pequeno volume *Estou falando com as paredes*.

Por outro lado, *A ética da psicanálise*, primeira referência da lição I, abordada aqui por Lucíola Macêdo como antecedente importante à nossa leitura, apesar de ser um seminário realizado treze anos mais cedo, só foi publicado em francês em 1986 e em português em 1988. Lacan pode e quer dizer um pouco mais a seu respeito, e distingue seu "não quero saber de nada disso"[35] do nosso. Ele está ali em posição de analisante do seu "não quero saber de nada disso".

---

33 Lacan, 1972-1973/1985, *op. cit.*, p. 78-79.
34 *Ibidem*, p. 79.
35 *Ibidem*, p. 9.

Por que escolhemos trabalhar o Seminário 20, e no meu caso, após a leitura do Seminário 10, onde vários de vocês estiveram presentes? Ponto de virada no ensino de Lacan, e também de entrada em seu último ensino, segundo o próprio Jacques-Alain Miller, ele nos serviu de bússola para a XXIV Jornada da EBP-MG, mas queríamos saber um pouco mais sobre os aforismos lacanianos, que temos o costume de citar, muitas vezes sem entendermos seu pleno alcance. Se o objeto *a*, introduzido no Seminário 10 como objeto da ordem do real, é aqui retomado como semblante, que real estará em jogo no Seminário 20, onde o Outro será retomado em várias acepções novas, que exploraremos ao longo do caminho? Os temas abordados por Lacan no Seminário 20 nos servirão de bússola, não apenas para o tema do próximo Enapol – "O novo no amor: novas modalidades de laços", mas também para trabalharmos em direção ao próximo Congresso da AMP – sobre o tema "A mulher não existe". Queremos colocar a trabalho conceitos como o Outro sexo, a não-relação entre os sexos, o gozo não-todo, a Outra satisfação etc. Pensamos, portanto, em abordar as lições, que são onze, uma a uma, ler esse intrincado seminário sem nos perder nele, como diz Carmen Gonzáles Táboas,[36] ou entendê-lo sem compreender depressa demais, como sugere Miquel Bassols.[37]

Em sua introdução da primeira lição, Lacan fala de sua posição de analista, de muitos de seus alunos ali presentes, e de ensinante. Contrariamente ao que se diz, não há para ele nenhum impasse de sua posição de analista com sua transmissão ali.

Philippe La Sagna,[38] leitor do texto "O aturdito", contemporâneo ao Seminário 20, esclarece que Lacan passou a fazer o seu Seminário 17 na Faculdade de Direito, embora o 16 tivesse acontecido na École Normale Supérieure, onde ele foi acolhido desde 1964. Uma questão se coloca então sobre os lugares do discurso. Lacan definiu o discurso, em seu Seminário 16, *De um Outro ao outro*, como uma estrutura necessária que ultrapassa largamente a fala, sempre mais ou menos ocasional.

---

36 Táboas, C. G. *El amor, Aún*. Buenos Aires: Grama, 2020. p. 20.
37 Bassols, M. Prólogo. In: Táboas, 2020, *op. cit.*, p. 16.
38 La Sagna, P. *Contrer l'Universel*: "L'étourdit" de Lacan à la lettre. Paris: Éd. Michèle, 2020. p. 16.

Essa virada em direção à lógica do discurso é um momento em que Lacan começa a criticar uma orientação sobre a palavra que revela seus limites. Essa época do ensino de Lacan se consagra a rebatizar numerosos termos, introduzindo também significantes novos: lalíngua, o não-todo, nãotoda, o pareser etc. Lacan teve que deixar a École Normale, censurado por não produzir um ensino científico, especialmente a propósito da linguística. Esses anos, de fato, o levam a reconfigurar seu ensino de maneira notável, entrando em seu último ensino. Ele se desvia da estrutura da linguagem, da linguística, como explicitará na segunda lição do Seminário 20, para se ligar à estrutura do discurso e à lógica. Da mesma forma que ele passa da fala à escrita, pois o discurso pode ser articulado sem fala.

Essa mudança de concepção da estrutura corresponde também a uma colocação da questão do gozo em primeiro plano. Crucial nos usos políticos e sociais pós-68, essa noção de gozo faz passar ao segundo plano aquela do desejo que balizava sua Proposição de 1967 sobre o psicanalista da Escola. Ela leva também Lacan a revisar a função do símbolo e a ordem simbólica.

O ano de 1973 marca igualmente uma mudança na maneira de ler os textos freudianos. Freud, colocado em questão desde 1964, é particularmente interrogado no mito de Édipo e depois em *Totem e tabu*. O mito dá forma épica à estrutura, mas ao mesmo tempo lhe serve de véu. O pai da horda vai servir para interrogar as noções de todo e de universal, que se funda a partir de uma existência que nega o atributo que define o universal. Aquele que faz exceção é o ao menos um que funda a lei.

Lacan vai tentar elaborar uma lógica nova, cruzando o mito com os avanços de Gottlob Frege em *Fundamentos da aritmética*. A teoria dos números permite fundar a questão da inexistência diferentemente do mito. Essa oposição entre o que há e o que não há, em pauta especialmente desde o Seminário 19, é central no curso *L'Un-tout-seul*, de Jacques-Alain Miller.[39]

As matemáticas e a lógica, definida como ciência do real, serão cada vez mais convocadas nos anos 70. Mesmo que Miller demonstre que

---

39 Curso realizado ao longo de 2011, inédito em português. Algumas lições foram publicadas na revista *Opção Lacaniana*.

Lacan não mantém essa ideia, o signo, destacado por Lucíola, torna-se um elemento importante nesse momento do ensino de Lacan, ao qual pertence o Seminário 20. O real como impossível de escrever é lógico. Veremos como há um diálogo intenso com a lógica aristotélica.

Mas Lacan vai além de Aristóteles com a lógica formal do século XX, lógica das proposições que se articulam em fórmulas. Lacan subverte também essa lógica para tentar fundar uma lógica do *Heteros*, que parte do não-todo em contraponto à lógica clássica. Ela vai precisar de uma elaboração que passa pelos quantificadores,[40] que vão permitir abordar um impossível bem particular: a impossibilidade de escrever a relação sexual. Para Philippe La Sagna, Lacan faz o que todo mundo fazia na época: estudar a relação entre os homens e as mulheres (cf. Seminário 18), na época do movimento para a libertação das mulheres e da revolução sexual.[41] Sua ideia era abordar a diferença sexual a partir da lógica, do Seminário 18 ao 20. O texto "O aturdito" constitui uma exposição dos resultados antes do próximo salto. O procedimento de Lacan no final do Seminário 19 é uma forma de abordar de outro jeito a questão deixada em suspenso na lição de 1963 sobre os *Nomes-do-pai*.[42]

Lacan parte de uma definição do real como impossível, abordado pela lógica e pela matemática, e em particular, desse real que constitui o Um. Ele passa de uma psicanálise inteiramente centrada sobre o Outro a uma reflexão, ao contrário, centrada sobre o Um. Esse Um torna-se essencial a partir do momento em que o dois, o par sexual, a relação entre os sexos, torna-se para Lacan muito problemática. Como é possível que as coisas se associem e façam dois? Lacan tenta aproximar a noção de um Um que preexiste a toda atribuição, um Um de exceção. Esse Um tem a mais estreita relação com o fato de que se possa enunciá-lo, dizê-lo.

---

40 "Em lógica matemática, os predicados são funções escritas mediante símbolos. O quantificador universal, , se lê 'para todo x tal que', ou o particular, se lê 'há Um, tal que'. Em lógica, basta que algo seja formalizado para que adquira existência" (Táboas, 2020, *op. cit.*, p. 27, nota 5).
41 La Sagna, 2020, *op. cit.*, p. 19-20.
42 Cf. Lacan, J. *O seminário*, livro 19: ...*ou pior*. (1971-1972) Texto estabelecido por Jacques-Alain Miller. Rio de Janeiro: Jorge Zahar Ed., 2012. p. 196, 200; Lacan, J. *Nomes-do-Pai*. Rio de Janeiro: Jorge Zahar Ed., 2005.

Dizer "Há Um", "Il y a de l'Un", é uma maneira simples de evocá-lo, de colocar que há um dizer.

Segundo La Sagna, o Seminário 20, como o texto "O aturdito", seu contemporâneo, é uma lembrança da existência do dizer, existência que ressoa com termos da lógica, com questões matemáticas e com o existencialismo de Kierkegaard,[43] e não o de Sartre. A verdade, colocada em questão, permanece como um lugar. O laço, na psicanálise, vem no lugar de um laço impossível entre os sexos. O importante não é a questão do que a linguagem representa, mas de saber como ela é utilizada no interior dos discursos.

Para Lacan, não se trata de dizer o real, porque é impossível, mas de fazê-lo existir através de um dizer. A questão é saber de que real se trata, na medida em que esse impossível concerne à relação sexual. Lacan, que sempre tenta fundar as coisas seriamente, retorna à lógica de Aristóteles das modalidades. Essa lógica, que quer especificar as qualidades do verdadeiro segundo quatro modalidades – necessário, possível, impossível, contingente – não é sem relação com o conceito de existência. Definir algo como existente faz de sua existência uma necessidade, o que não é sem laço com a existência do dizer. A expressão «ex-sistir», inspirada em Heidegger, significa "se manter fora de": a existência ex-siste à verdade.[44] Ex-sistir significa também existir fora de, mas ter passado por. Lacan ex-siste a Freud da mesma forma que o não-todo ex-siste ao todo fálico.

Lacan vai além do falo freudiano através da invenção da função fálica. Ao lado da lógica fálica, universal, para todos, ele demonstra que existe uma outra, que se origina do não-todo, que ele chama de *Heteros*. Há coisas que se separam de qualquer abordagem pelo sentido; por exemplo, o Outro gozo qualificado como gozo feminino.

Se Lacan abandona a estrutura clássica da linguagem em favor da estrutura topológica do nó borromeano, podemos ver que este nó já está anunciado na lição VII do Seminário 19: "Uma topologia tem uma definição matemática por relações não métricas, deformáveis. Pela

---

43 La Sagna, 2020, *op. cit.*, p. 21.
44 *Ibidem*, p. 23.

presença do terceiro se estabelece entre os outros dois uma relação. É o que significa o nó borromeano"[45].

Para Éric Laurent, Lacan opõe a ideia de construir um eu, de fundamentar o sujeito a partir do todo, à sua tentativa de fundamentar o sujeito no não-todo, no Um.[46] Ao abordar o inconsciente freudiano, ele se empenhou em isolar o Um da repetição significante, que seria a primeira forma do Um, e o Um que pode ser escrito como traço unário. Lacan estava empenhado em saber se é possível pensar a inscrição do Um não só pela imagem e seu caráter de aparente individuação, mas a partir do gozo como tal. Ele não se contentava com a inscrição do Um no registro do imaginário, pois ela tem a ver com o gozo, que se inscreve no corpo para além de toda sabedoria. Ao se perguntar como se dá essa inscrição, Lacan caminha em direção oposta à filosofia e ao catolicismo. Ele segue a trilha da matemática, opondo a via do Um à via do verdadeiro, pois a única maneira de pensar que há um real é a partir do impossível, e não do verdadeiro e do falso.

Onde localizamos o impossível a partir da teoria dos números? A leitura da lógica matemática, especialmente a de Frege, aponta que a série dos números só é acessível a partir do número dois. Um número é definido como acessível se ele for a soma de dois outros números. O problema se situa entre o zero e o um, pois eles não são acessíveis em si. Há um impossível, e, por essa razão, Frege teve que se apoiar nos resultados de Georg Cantor sobre o fato de que o Um só pode se definir como o cardinal de um conjunto vazio com um elemento.[47]

Essa leitura original permitiu deduzir um impossível a partir da teoria dos números, reenviando a um real que se repete dentro dos números. No sistema pensado por Cantor temos no infinito um número novo nomeado por ele de Aleph, e o primeiro cardinal do infinito é o $\aleph_0$. Este é inacessível, não se chega a ele através dos números, mesmo que se acrescentem todos os números inteiros que se queira. Trata-se

---

45 Lacan, 1971-1972/2012, *op. cit.*, p. 92.
46 Laurent, É. Por que o Um? In: Gorsky, G. G.; Fuentes, M. J. S. (orgs.). *Leituras do Seminário ...ou pior de Jacques Lacan*. Salvador: EBP, 2015. p. 32-33.
47 *Ibidem*, p. 36.

aí de outro tipo de infinito. Ao se apoiar nas reflexões de Cantor, Lacan conclui que o impossível se repete já no início, fato que se evidencia na teoria dos números, na qual algo se inscreve sem qualquer referência a uma realidade. Eles reenviam a um puro real. A ideia de número só existe quando algo vem registrar a falta em um lugar preciso, quando se inscreve algo que não é do mundo.[48]

Para Jacques-Alain Miller, o significante, na medida em que existe como real, preside e condiciona os equívocos e semblantes do ser no discurso.[49] O Um se apresenta como um dado primeiro. O Um suporte de cada significante é o "Um sozinho". Somente a partir desse Um podemos pensar a falta. Para diferenciá-lo, Miller o escreve com um I romano, e se apagarmos esse Um sozinho, temos a falta, Ø. A partir da teoria dos conjuntos, essa falta foi apreendida como o conjunto vazio, do qual Frege fez o signo da inexistência, "não há".

O círculo traçado do lugar do I designa o I apagado, a falta desse I. Para dar lugar à sequência dos números, ele se torna o zero. A partir do zero, podemos obter a sequência dos números naturais, que repousa originalmente no Um sozinho apagado. Lacan destaca o equívoco que se situa entre seu valor como conjunto vazio e como zero inicial da sequência dos números. É preciso pelo menos Um que se apaga para ser marcado como zero e dar início à série. O primeiro Um preside à emergência do conjunto vazio inscrito como zero inicial da sequência dos números, o que já constitui um equívoco da existência.

A tentativa do Seminário 19 é escrever a diferença sexual. Lacan disse que não há nenhuma maneira de repartir homens e mulheres através dos atributos. Para tal, é preciso passar por algo que não está na realidade, que é puro real e se engancha diretamente com o corpo e não com a imagem, nas experiências de gozo que são dissimétricas entre homens e mulheres. O ponto decisivo em que insiste é o esforço de separar o Um da pura diferença, que não reenvia a nada mais do que à inscrição de uma falta, do Um de atribuição que reenvia a algo que está conectado com a realidade.

---

48 *Ibidem*, p. 37.
49 Miller, J.-A. O Um é letra. Lição de 16.03.2011 do curso *O Um sozinho*. Cf. *Opção Lacaniana, Revista Brasileira Internacional de Psicanálise*, São Paulo, n. 83, p. 48-50, set. 2021.

Assim, o que existe na concepção de Lacan separa-se do que é a existência no existencialismo, que tem a ver com o reconhecimento da existência do outro na reciprocidade. O Um nada tem a ver com o individual que permite definir os homens. Os homens fazem parte de um conjunto finito. E, de outro lado, estão as mulheres que formam um conjunto de enumeráveis.[50]

Também no Seminário 19 Lacan critica a concepção da relação entre significante e corpo como uma impressão numa superfície. É uma crítica a Derrida e também ao Freud do Bloco Mágico, que segue o modelo da impressão. O Um não se inscreve na matéria tal como ocorre na impressão. Lacan insiste no puro Um da diferença como o que não existe, assim como Freud definiu o falo como pura ausência. Se a matéria permanece sempre a mesma, o Um seria pura diferença e ele se interroga como se articula o Um com a matéria.[51]

Para Laurent, a articulação se dá através da substância gozosa, que é efêmera, uma vez que está articulada às bordas de gozo. Os objetos oral, anal, olhar e voz são substâncias de gozo efêmero que permitem a articulação, no corpo, entre o puro Um da diferença e a matéria como tal. O Um não é, portanto, inscrição, mas antes furo. Quando fala da Sibéria no Seminário 18, Lacan considera a escrita como grandes falhas que se podem ver. Para ele, a escrita que busca o Um ocorre sempre *per via di levare*.[52]

Lacan critica o existencialismo porque este introduz o Outro como outro que é o meu semelhante, e sendo assim, reconheço-me no outro que me reconhece. Para Lacan, o verdadeiro Outro é o Outro que não se pode conhecer, inacessível. No aparato central lógico no sofisma dos três prisioneiros, o que se pode conhecer é a marca de gozo que cada um tem nas costas. E tudo que tem a ver com a reciprocidade e

---

50 Cf. Lacan, 1971-1972/2012, *op. cit.*, p. 192; Laurent, 2015, *op. cit.*, p. 38.
51 Cf. Laurent, 2015, *op. cit.*, p. 40.
52 *Ibidem*, p. 44. A *via di levare* é a forma como Freud usou a escultura como metáfora da maneira como opera o tratamento analítico: por extração. Cf. Freud, S. Sobre a psicoterapia. (1905) In: Freud, S. *Edição Standard Brasileira das Obras Psicológicas Completas de Sigmund Freud*. v. VII. Rio de Janeiro: Imago, 1972. p. 270.

a fraternidade anuncia uma época de racismo.[53] O que não se encaixa com o existencialismo universal.

A tentativa de Lacan é de primar por uma imanência radical, utilizando o Um como inscrição de gozo no corpo que não reenvia a nada, tentativa de liberar-se de toda transcendência. Miller colocou em série o que não há, desde "não há Outro do Outro" até chegar ao "não há relação sexual" como fundamental, e isso vem acompanhado de um há fundamental. Resposta à grande crítica feita à psicanálise no início dos anos 70, realizada por Michel Foucault, Gilles Deleuze e Jacques Derrida, de que o discurso psicanalítico se apoiaria em uma falta ou infelicidade fundamental.[54]

Para Lacan, o gozo não é sensação, o gozo é ausência. O gozo feminino é crucial para entender essa concepção, pois, segundo Lacan, ele é centrado e é uma ausência.[55] Isso pode ser dito de maneiras distintas, por exemplo, ser Outra para si mesma. Há o gozo feminino, e ele se apresenta como ausência. Isso é o Há Um, o Um só.[56]

Colocadas essas bases do Seminário 19 para entendermos melhor o que é o Um e porque Um, lançamo-nos na leitura da lição I. Ao longo de nossa leitura do Seminário 20 nos remeteremos ao curso de Jacques-Alain Miller *L'Un-tout-seul* para distinguir mais precisamente o que é o ser e a existência.

a-muro

Lacan entra na primeira parte da primeira lição do Seminário 20 referindo-se a *...ou pior*: "'Não existe relação sexual' só pode meio dizer-se. A outra metade diz pior. O sexo não define relação alguma no ser falante"[57]. Então, ele deixou os pontos de suspensão antes de *...ou pior* onde se inscrevia um dizer: Não há relação sexual, ou pior. Como diz Carmen González Táboas, a relação sexual, em sua mera carnalidade animal, está

---

53 Lacan, 1971-1972/2012, *op, cit.*, p. 227.
54 Laurent, 2015, *op. cit.*, p. 46.
55 Lacan, 1971-1972/2012, *op. cit.*, p. 117.
56 Laurent, 2015, *op. cit.*, p. 47.
57 Lacan, 1971-1972/2012, *op. cit.*, p. 13.

perdida para o ser que fala: não há gozo sexual que não esteja enredado nas palavras.[58] O sexo biológico não pode inscrever-se em uma ordem de linguagem com a estabilidade de uma função lógica. Por isso, há pior: há o escrito, a singularidade do gozo do Um e a sexuação, do lado homem e do lado mulher.

Lacan nos supõe em uma cama de casal de pleno uso. Se se exclui o dizer da psicanálise de que não há relação sexual, será pior. Nessa cama, os gozos mandam e o amor é impotente para tornar possível a relação dos dois sexos. Eles se encontrarão, mas, seja o que fizerem, na cama não há relação! O jurista fala do direito ao gozo, mas o que se faz nessa cama permanece velado. O direito que diz respeito aos costumes tenta regular o gozo, reparti-lo, com suas ficções. Para Lacan, o gozo é aquilo que não serve para nada. O direito não é o dever. Nada força ninguém a gozar, senão o supereu.[59]

Lucíola abordou o gozo do Outro, que não é signo do amor e o amor que faz signo e é sempre recíproco, comentando o amor que demanda o amor, mais, ainda. Do amuro partiria aquilo que é capaz de responder, de maneira não necessária e não suficiente, pelo gozo do corpo do Outro. Lacan nos apresentou o amuro já no Seminário 19: o amuro repercute os recursos de borda – a-voz, a-olhar, a-merda, a-vida.[60] Aqui o amuro aparece em signos bizarros no corpo sob a forma do gérmen,[61] o que nos leva às células germinativas de Freud em "Além do princípio de prazer"[62], que fazem a passagem das pulsões sexuais às pulsões de vida. Para Lacan, é falsa a separação entre gérmen e soma, pois o corpo aloja o gérmen; não é possível separar pulsão de vida e pulsão de morte, quando se trata do gozo.

Também em *Estou falando com as paredes*, Lacan fala do (a)muro, retomando um poema de Antoine Tudal e fazendo uma equivalência entre

---

58 Táboas, 2020, *op. cit.*, p. 48.
59 Lacan, 1972-1973/1985, *op. cit.*, p. 11.
60 Lacan, 1971-1972/2012, *op. cit.*, p. 144.
61 Lacan, 1972-1973/1985, *op. cit.*, p. 13.
62 Freud, S. *Além do princípio de prazer*. (1920) Belo Horizonte: Autêntica, 2020. p. 139-141. (Obras incompletas de Sigmund Freud)

o muro e a castração.[63] Para Ram Mandil, a fala de amor se endereça ao Outro, mas ao mesmo tempo fala sozinha, pois entre o homem e a mulher há um muro, que expressa a relação de cada um com aquilo que o satisfaz e que não é preenchido pelo Outro.[64] Talvez possamos dizer que o objeto *a*, semblante depositado no Outro do amor, é uma tentativa de atravessar esse muro através da fantasia. Então, o amuro é o que aparece em signos bizarros no corpo, traços apenas. Não é desses traços que depende o gozo do corpo, no que ele simboliza o Outro, a alteridade.

No amor, não se trata de fazer Um, apesar do Eros freudiano postulado como tensão para o Um. De que Um se trata então no *Há Um*? O Um só se aguenta pela essência do significante. Se interrogou Frege, diz Lacan, foi para demonstrar a hiância entre o Um e o ser. Com a historinha da periquita de Picasso, Lacan marca também a diferença entre o Um e a identificação, imaginária e simbólica.[65]

Não há relação

Então, "o que aparece nos corpos, com essas formas enigmáticas que são os caracteres sexuais – apenas secundários – faz o ser sexuado. Mas o ser é o gozo do corpo como tal, como assexuado, pois o que chamamos de gozo sexual é marcado pela impossibilidade de estabelecer, em parte alguma do enunciável, esse único Um da relação sexual"[66].

Para o homem, provido do órgão dito fálico, o sexo da mulher – nãotoda – não lhe diz nada, a não ser por intermédio do gozo do próprio corpo. Pois o falo é a objeção de consciência, diz Lacan, feita por um dos dois seres sexuados, ao serviço a ser prestado ao outro.

Se os caracteres secundários da mulher são os da mãe, nada distingue a mulher como ser sexuado, senão o próprio sexo. A mulher

---

63 Lacan, J. *Estou falando com as paredes*: conversas na Capela de Sainte-Anne. Rio de Janeiro: Jorge Zahar Ed., 2011. p. 92-95.
64 Mandil, R. O que há de real no amor? In: Alvarenga, E.; Macêdo, L. (orgs.). *Mutações do laço social*: o novo nas parcerias. Belo Horizonte: EBP-MG, 2021. p. 165.
65 Lacan, 1972-1973/1985, *op. cit.*, p. 14.
66 *Ibidem*, p. 15.

se define, no que se refere ao gozo fálico, pelo não-todo. Enquanto para o homem, o gozo fálico é o obstáculo pelo qual ele não chega a gozar do corpo da mulher, precisamente porque o de que ele goza é do gozo do órgão.

Assim, o supereu como imperativo de gozo é o correlato da castração, signo com que se paramenta a confissão de que o gozo do corpo do Outro só se promove pela infinitude, aquela que dá suporte ao paradoxo de Zenão.

Zenão de Eleia (490-430 a.C.), discípulo de Parmênides, considera que o ser é uno, mas infinitamente divisível. No paradoxo de Aquiles e a tartaruga, Aquiles, o mais rápido dos homens, nunca poderá alcançar a tartaruga, o mais lento dos animais. Na *Ilíada*, Briseida é a amada de Aquiles, causa de seu conflito com Agamenon na cruenta guerra de Troia. No espaço do gozo sexual, Aquiles, o que goza do gozo do órgão, não alcançará a tartaruga Briseida – ela não será toda sua –, nem Briseida alcançará Aquiles. Quando Aquiles dá um passo, a tartaruga adiantou-se um pouco, porque não é toda dele, ainda falta. É preciso que ele dê o segundo passo, e assim por diante. Foi assim que se chegou a definir o número real, diz Lacan, pois o que Zenão não tinha visto é que a tartaruga também não está preservada da fatalidade que pesa sobre Aquiles, pois o passo dela também é cada vez menor, e jamais chegará ao limite. O número real tem um limite, mas é nessa medida que é infinito. Aquiles só pode ultrapassar a tartaruga, ele só pode juntar-se a ela na infinitude.

A matemática definiu o infinito dos números reais, por exemplo o número π, pela série infinita de seus decimais. Os números reais alojam a infinitude entre cada um dos números naturais e o seguinte e permitem inscrever a alteridade radical dos gozos. Assim, enquanto o veloz Aquiles caminha com sua métrica fálica, seguindo a série dos números naturais, a tartaruga Briseida caminha seguindo a série dos números reais. Aquiles des-encontrará Briseida na infinitude que se abre a cada passo. Briseida tampouco alcança Aquiles e nem a si mesma. Por ser Outra para o homem, ela é Outra para si mesma.

E o que é o limite do número infinito, ao qual se refere Lacan? Lacan diz que o limite se define como maior que um ponto e menor que um outro, mas em nenhum caso igual nem ao ponto de partida, nem ao ponto de chegada.[67] Bassols indica, em seu livro *Lo femenino, entre centro y ausência*,[68] que, em um Encontro em Belo Horizonte, Marcus André Vieira recordava que nas matemáticas o limite não é o ponto de chegada, mas é definido desde o ponto de partida como aquele elemento que a série não poderá incluir. De modo que é uma série que se define como não-toda, cuja essência está fora de si. O limite fica fora da série, o que é outra maneira de dizer que um está sem bordas. Já não se trata do limite como barreira, obstáculo, impedimento, mas como um empuxo ao infinito, no qual não se cessa de não chegar a esse limite, tanto interno quanto externo, uma borda assintótica, que tende ao infinito, pois deixa aberta a série de seus elementos.

Então, o gozo sexual é especificado por um impasse. O discurso analítico só se sustenta pelo enunciado de que não há relação sexual. O gozo sexual é fálico, ele não se relaciona ao Outro como tal. Mas o conjunto dos espaços abertos ao infinito constitui uma série finita, o que significa que eles podem ser contados, tomados um a um, e por se tratar do lado não-todo fálico, uma a uma. O ser sexuado dessas mulheres não-todas não passa pelo corpo, mas pelo que resulta de uma exigência lógica na fala. Pelo fato de a linguagem estar fora dos corpos que são agitados por ela, o Outro que se encarna como ser sexuado exige esse uma a uma. E aí está o estranho, o fascinante, diz Lacan: essa exigência do Um, como Parmênides já nos podia fazer prever, é do Outro que ela sai. Onde está o ser, há exigência de infinitude. É do Outro como alteridade absoluta que sai o Um como diferença absoluta.

Esse lugar do Outro de onde sai o Um é ilustrado por Lacan através de Don Juan: esse espaço do gozo sexual recoberto por conjuntos abertos que constituem uma finitude e que se contam é o essencial no mito de Don Juan, que as tem uma por uma. Aí está o que é o outro sexo, o masculino, para as mulheres. Das mulheres pode-se fazer uma lista e contá-las uma por uma, o que não seria possível se a mulher não fosse não-toda como ser sexuado.

---

67 *Ibidem*, p. 18.
68 Bassols, M. *Lo femenino, entre centro y ausência*. Buenos Aires: Grama, 2017. p. 19.

Tudo isso são fatos de discurso. Pelo discurso analítico o sujeito se manifesta em sua hiância, naquilo que causa o seu desejo. Mas uma topologia que convirja com nossa experiência depende de um outro discurso para articulá-la, que se suporta em não recorrer a nenhuma substância, nem se referir a nenhum ser. No que diz respeito ao ser, nenhum predicado basta. O ser que se colocaria como absoluto é a fratura da fórmula ser sexuado, no que o ser sexuado está interessado no gozo.

II
A SUBSTÂNCIA GOZANTE E O AMOR: MUDANÇA DE DISCURSO

LUCÍOLA MACÊDO:

Um gozo envolto em sua própria contiguidade

Iniciarei esta noite retomando o ponto onde ficamos em nosso último encontro no intuito de perfazermos, a partir dos desdobramentos propostos por Lacan na segunda lição do Seminário 20, *Mais, ainda*, uma volta a mais: se no Seminário 7, *A ética da psicanálise*, o gozo se encontra separado da relação sexual,[1] no Seminário 20, Lacan se refere a ela enquanto inexistente: "[...] a relação sexual não existe [...] É meu verdadeiro tema deste ano, por trás desse *Mais, Ainda*, e é um dos sentidos do meu título. Talvez assim eu chegue a fazer aparecer algo de novo sobre a sexualidade feminina"[2].

Este "algo novo" sobre a sexualidade feminina, como o dissemos antes, Lacan irá buscá-lo nas searas do gozo, não sem o corpo e o amor. Não é a primeira vez que ele se pronuncia sobre a sexualidade feminina, o que nos convida, antes de prosseguirmos na elucidação das disjunções e conjunções entre o amor e o gozo, a revisitar brevemente uma entre as linhas-mestras das suas "Diretrizes para um Congresso sobre a sexualidade feminina"[3] (texto escrito em 1958), momento em

---

1 Miller, J.-A. *El partenaire-síntoma*. (1997-1998) Buenos Aires: Paidós, 2008. p. 178.
2 Lacan, J. *O seminário*, livro 20: *Mais, ainda*. (1972-1973) Texto estabelecido por Jacques-Alain Miller. Rio de Janeiro: Jorge Zahar Ed., 1985. p. 78-79.
3 Lacan, J. Diretrizes para um Congresso sobre a sexualidade feminina. (1960) In: Lacan, J. *Escritos*. Rio de Janeiro: Jorge Zahar Ed., 1998. p. 734-745.

que a arquitetura de *Mais, ainda* parece já encontrar alguns dos seus pilares fundamentais.

Lacan inicia esse artigo ressaltando certa negligência, algumas suspensões e marcadas ausências sobre o tema e o modo como os psicanalistas pós-freudianos se arvoraram sobre a questão, mascarando seu embaraço ao recobrir inteiramente o enigma do feminino com o campo do sentido.[4] Presa de uma "falofagia fantástica"[5], a sexualidade feminina é assaltada de miragens que giram em torno do primado materno e de fantasias nas quais o seu corpo figura como campo imaginário. A questão fundamental posta por Lacan ao abordar as vicissitudes da sexualidade feminina naquele Congresso é precisa e fulgurante. Diz ele: "[…] convém indagar se a mediação fálica drena tudo o que pode se manifestar de pulsional na mulher, e notadamente, toda a corrente do instinto materno"[6].

É nesse horizonte de "desconhecimentos e preconceitos" que as teorias sobre o masoquismo feminino e a frigidez em voga naqueles tempos é rebatida por Lacan, com as formulações e os esboços dos caminhos aos quais retornará quinze anos mais tarde, em *Mais, ainda*. No texto para o Congresso, tanto o masoquismo quanto a frigidez são reconduzidos ao âmbito daquilo que não é drenado pela mediação fálica. No lugar da passividade, ele propõe e interroga o que isso deve à invenção masculina, sendo o dito masoquismo da mulher uma fantasia do desejo do homem.[7]

Quanto à frigidez, Lacan a desarticula das correntes que a associam invariavelmente à inveja do pênis, ressaltando a sua inacessibilidade aos tratamentos somáticos. Ele diferencia as suas formas transitórias, daquelas que se constituem sob os auspícios do sintoma, e as reenvia à alteridade do sexo feminino, para a qual, de um lado, o homem poderá eventualmente "servir de conector para que a mulher se torne esse outro para ela mesma,

---

4 Meseguer, O. Masochistes ou frigides: diffamations. *La Cause du Désir*, Paris, n. 103, p. 66-69, 2020.
5 Lacan, 1960/1998, *op. cit.*, p. 738.
6 *Ibidem*, p. 739.
7 *Ibidem*, p. 740.

como o é para ele"[8], e de outro, implica não num desejo de passividade, mas "no esforço de um gozo envolto em sua própria contiguidade"[9].

É justamente o campo desse gozo envolto em sua própria contiguidade, essa modalidade do gozo não drenada pela mediação fálica, esse *suplemento*, esse *mais, ainda*, que se quer elucidar, e sobre o qual Lacan acredita poder fazer surgir algo novo.

Um corpo se goza

Nesta segunda lição do seminário, Lacan enuncia "No que diz respeito ao gozo [...]. Da última vez, promovi que ele não era signo do amor. É o que terá que ser sustentado e que nos levará ao nível do gozo fálico."[10]: "o gozo enquanto sexual, é fálico, quer dizer, ele não se relaciona ao Outro enquanto tal"[11]. Lacan prossegue: "Mas o que chamo propriamente o gozo do Outro [...] é ainda coisa inteiramente outra, a saber, o não-todo que terei que articular"[12].

Ou seja, o que está em jogo nessa passagem não é o gozo sexual, o gozo fálico, mas o *gozar do corpo*, ou melhor dizendo, um corpo que *se* goza, porquanto *o gozar do corpo* comporte um genitivo que tem por um lado, uma nota sadeana (do lado fálico); e do outro, uma nota extática (do lado não-todo). Lacan se dedicará a esta última com paixão, em toda a sua exuberância e amplitude, na lição VI de *Mais, ainda*, "Deus e o gozo d'A Mulher". Essa nota extática, à qual Lacan dedica esta lição, nos abre a um riquíssimo campo de investigação. Foi justo neste campo de referências que me lancei no segundo semestre do ano passado, quando propus uma leitura da experiência mística como acontecimento de corpo.[13] Não somente no âmbito de uma relação religiosa com deus, de uma transcendência, como é o caso de Hadewich de Amberes, Santa

---

8 *Ibidem*, p. 741.
9 *Ibidem*, p. 744.
10 Lacan, 1972-1973/1985, *op. cit.*, p. 36.
11 *Ibidem*, p. 18.
12 *Ibidem*, p. 36.
13 Macêdo, L. No 'fulgor das ausências', dizer o indizível. *Curinga*, Belo Horizonte, Escola Brasileira de Psicanálise – Seção Minas Gerais, n. 50, p. 61-72, jul./dez. 2020.

Teresa D'Ávila e São João da Cruz, evocados por Lacan neste seminário, como também da experiência mística como imanência, sem a presença de Deus, cujos testemunhos nos dão alguns escritores, no âmbito da literatura e da escrita poética.[14]

Na primeira lição do Seminário 20, Lacan contrapõe o gozo fálico, como gozo do órgão, ao amor como princípio do laço social e como suplência à não relação sexual. Por sua vez, nesta segunda lição, um passo adiante é dado com a postulação do gozo não-todo como gozo do corpo. *Encore* (título do seminário em francês) é homofônico a *en corps* (no corpo). Lacan retoma sua expressiva interlocução com a filosofia ao trazer à luz, como baliza para as elaborações sobre esse gozo do corpo, a noção de substância. Uma série de substâncias proliferam em sequência ao longo das páginas desta segunda lição, como referências e base conceitual a partir das quais forjará as substâncias que interessam à psicanálise: a "substância" significante e a "substância gozante"[15].

Substância

Esse termo teve, no âmbito da filosofia clássica, duas acepções fundamentais: 1) de estrutura necessária, na metafísica; 2) de conexão constante, no empirismo.

A metafísica aristotélica gira inteiramente em torno deste conceito: a) substância é o que é, *necessariamente*, aquilo que é (*quod quid erat esse*); essência necessária; se traduzido ao pé da letra: aquilo que o ser era, indicando a continuidade ou estabilidade do ser, desde sempre e para sempre[16]; "temos ciência das coisas particulares somente quando conhecemos a essência necessária das mesmas" (Aristóteles, Met. VII); b) Substância é o que existe necessariamente.

É São Tomás de Aquino quem, interpretando os textos de Aristóteles, reduz a substância à *quididade* (essência necessária) e ao *sujeito*. Descartes reafirma o caráter de necessidade ao afirmar que "quando

---

14 Cf. Bologne, J. C. *Une mystique sans Dieu*. Paris: Albin Michel, 2015.
15 Lacan, 1972-1973/1985, *op. cit.*, p. 35.
16 Abbagnano, N. *Dicionário de filosofia*. São Paulo: Martins Fontes, 2003. p. 925.

concebemos a substância, concebemos uma coisa que existe de tal modo que, para existir, não tem necessidade de outra coisa senão de si mesma" (*Princ. Phil.*, I, 51).[17]

Para Aristóteles, a substância constitui a estrutura necessária do ser em sua concatenação causal, pois todas as espécies de causas são determinações da substância. Na doutrina aristotélica há uma estreita conexão entre as noções de causa e de substância: a causa é o princípio de inteligibilidade porque compreender a causa significa compreender a organização interna de uma substância, isto é, a razão pela qual uma substância qualquer (o homem, Deus ou a pedra) é o que é e não pode ser ou agir diferentemente. Por exemplo: se o homem é um animal racional, o que ele é ou faz depende de sua substância assim definida.

Ao postular o aparelho de gozo e suas respectivas substâncias, Lacan evocará a *ousia* aristotélica – estendendo a noção de substância para além do campo das espécies, tal como postulado na Metafísica, àquele do falasser. O mesmo procedimento é posto em marcha com relação às substâncias cartesianas – a substância pensante e a substância extensa, a fim de subvertê-las para os seus próprios fins.[18]

A abundância das referências de Lacan à filosofia antiga não é mero exercício de distensão filosófica, mas um mergulho ali onde talvez tenha se erigido o primeiro esforço no sentido de tratar as dificuldades concernentes ao gozo.[19] Como "arte de viver", a filosofia antiga se constituiu mais como ascese do que ao lado do saber; e menos como saber teórico do que como *savoir y faire* (saber fazer aí) com os impasses da existência num determinado contexto e tempo da civilização.

As substâncias lacanianas

Se em muitos aspectos, com suas apropriações, Lacan trai Aristóteles, ele permanece fiel ao estagirita naquilo que concerne às coordenadas da

---

17 *Ibidem*, p. 926.
18 Lacan, 1972-1973/1985, *op. cit.*, p. 33.
19 Miller, J.-A. Filosofia<>Psicoanálisis. In: Miller, J.-A. *et al*. *Filosofia<>Psicoanálisis*. Buenos Aires: Tres Haches, 2005. p. 142.

estreita relação entre substância e causa. Não há como pensar uma sem a outra. Lacan não parece distante de Aristóteles ao aproximar o Um do lugar da causa. Vejamos o que diz Miller em *L'Un-tout-seul*: o Um chega ao mundo por meio do significante, pelo fato de haver linguagem, e uma vez aí, se decompõe em substância significante e substância gozante: "há substância significante, há o Um. O fato de que não seja possível deduzir esse Um nos obriga a considerá-lo como uma substância. Aqui, não há gênese. E na medida em que se introduz esse *Há Um* como um dado primário, somos levados a isolar o gozo como outra substância"[20].

Prossegue Miller: a substância gozante, introduzida por Lacan em *Mais, ainda*, é estritamente referida à noção de substância significante. Ela pertence a outro registro, já que é atribuída ao corpo, com a condição, dirá Lacan, "senão apenas, que um corpo, isso se goza. Isso se goza por corporizá-lo de maneira significante"[21]. Encontra-se justamente aí a propriedade atribuída à substância: um corpo se goza a si mesmo. Este não é o corpo da relação sexual, mas o corpo ao nível da existência. Depois de haver conectado o gozo e o corpo de maneira indissociável, Lacan aponta para uma satisfação que se extrai da linguagem, o gozo do blá-blá-blá, e a isto ao qual apontará Elisa, a propósito da dimensão da besteira.

A grande guinada operada por Lacan acontece justo no ponto em que a linguagem é apreendida não por seu valor simbólico, pelo que aporta de significação, mas por sua apreensão como o que se imprime sobre o corpo com efeito de gozo, o que quer dizer que o Um se imprime sobre o corpo, e que sua iteração comemora a irrupção de um gozo inesquecível, fora do campo do sentido, sendo justamente nessa perspectiva que a linguagem pode ser considerada um aparelho de gozo.

É a instância desse gozo que Lacan descobre na sexualidade feminina, a qual atribui num segundo tempo também ao "macho", no caso daqueles que escolhem não passar unicamente pelo gozo fálico. Lacan a generaliza ao postular que esse gozo é o que confere o estatuto fundamental

---

20 Miller, J.-A. *L'Un-tout-seul*. Curso de orientação lacaniana. Lição VIII, de 23/03/2011. (Inédito)
21 Lacan, 1972-1973/1985, *op. cit.*, p. 35.

do gozo como opaco ao sentido. Esse gozo poderá dar-se como ascese, na mística, ou em casos como o de James Joyce, que instaurou, no lugar do Outro, algo diferente do corpo de uma mulher: na mística, Deus; na escrita de Joyce, lalíngua. Essa é a marca de um gozo que nada tem a ver com a relação sexual, dirá Miller. E isso nos leva ao real, no nível em que a existência se conjuga com a escrita, fora do sentido. O real, nessa perspectiva, se forja dessa conjunção, sempre contingente, dessas duas substâncias: significante e gozo.

O significante é causa de gozo

Ao situar a relação entre significante (como causa) e gozo (como substância), Lacan evoca a teoria aristotélica das quatro causas: "Direi que o significante se situa no nível da substância gozante". Aqui podemos notar também uma estreita conexão entre significante e gozo, em Lacan, que não deixa de evocar a *conexão* entre causa e substância em Aristóteles. Lacan prossegue: "É completamente diferente da física aristotélica o que vou evocar, a qual, por poder ser solicitada como vou fazê-lo, nos mostra até que ponto era ilusória"[22].

Dizer que "o significante é a causa do gozo"[23] não parece, ao menos em princípio, situar a relação entre significante e gozo de modo tão "completamente diferente" daquela entre causa e substância, em Aristóteles. Isso nos levou à necessidade de situar, antes de prosseguirmos em nossa leitura, ao menos as coordenadas gerais da noção de causa em Aristóteles.

Em sua acepção mais geral, em filosofia, a primeira formulação da noção de causa encontra-se em Platão, para quem a causa é o princípio pelo qual uma coisa é, ou torna-se, o que é.[24] Mas a primeira verdadeira análise da noção de causa encontra-se em Aristóteles, para quem há várias espécies de causas (material, formal, eficiente, final): causa material é aquilo de que uma coisa é feita e que permanece na coisa. Por

---

22 *Ibidem*, p. 36.
23 *Ibidem*, p. 36. Grifo nosso.
24 Abbagnano, 2003, *op. cit.*, p. 124-125.

exemplo, o bronze é causa da escultura. A causa formal é sua forma, modelo, essência necessária, substância. Causa eficiente é o motor ou agente de determinado efeito. E a causa final é a finalidade ou objetivo pelos quais se executa um movimento, uma ação.

Como já mencionamos anteriormente, há uma estreita conexão entre as noções de causa e de substância, isso porque em Aristóteles, a causa primeira e fundamental é dada pela essência necessária da coisa, ou seja, pela substância. Em outros termos, a necessidade pela qual uma causa qualquer age é a própria necessidade pela qual uma substância é o que é. A necessidade causal é, portanto, a necessidade pela qual o que é não pode ser diferente daquilo que é, escapando a ela apenas o acaso, ou seja, a contingência.[25] Para não incorrermos, em relação à causalidade, no risco de um percurso *ad infinitum*, Aristóteles estabelece, no livro XII da *Metafísica*, o primeiro motor móvel como a causa primeira de tudo no mundo, não impulsionada por nada nem por ninguém.

Haveria ainda um amplo percurso a ser feito a propósito da noção de causa no âmbito da psicanálise, em Freud e Lacan, e seus contrapontos filosóficos, mas isso fugiria ao nosso escopo neste momento, em que privilegiamos apenas os interlocutores de Lacan na lição II de *Mais, ainda*. Àqueles que se encorajarem em fazê-lo, sugiro acompanharem a minuciosa leitura de Miller no curso de 1987-1988, *Causa e consentimento*, em especial as lições II, "O sujeito da psicanálise"; V, "Causa e sentido"; VI, "Teoria da causa"; X, "A causa significante", e XIII, "A causa e o gozo". Para abreviarmos um pouco este percurso, cabe ressaltar que, não por acaso, ao darmos o primeiro passo a propósito do real, tropeçamos na noção de causa. Há uma pertinência conceitual essencial entre o real e a causa: "o real é causa", dirá Miller, "causa de certo número de efeitos"[26].

Dito isto, no âmbito da experiência analítica, é da causa enquanto real, uma vez que insta certo número de efeitos, ou seja, na medida em que intervimos com a linguagem onde isso se desenrola e se decide, do que se trata quando Lacan interroga: "Sem o significante, como

---

25 Ibidem, p. 125.
26 Miller, *L'Un-tout-seul*. Lição II, de 26/01/2011. (Inédito)

abordar aquela parte do corpo? Como, sem o significante, tocar esse algo que, do gozo, é a causa material? Por menos nítido, por mais confuso que seja, é uma parte do corpo que é significada nesse depósito"[27]. Indo direto à causa final, dirá Lacan, nisso que ele é termo/fim, finalidade, o significante é o que detém o gozo: a eficiência com a qual Aristóteles "nos faz a terceira forma da causa não é, enfim, nada senão esse projeto com que o gozo se limita"[28], até o ápice do estreitamento onde o gozo toma sua causa final, "que é formal – não é ele da ordem da gramática que a comanda"[29]?

Lacan conclui apontando para uma dupla operação: não apenas aquela ancorada na teoria aristotélica das quatro causas, que se apoia numa conjunção entre significante e gozo, àquele que leva à besteira, *mais, ainda*, mas no que haveria aí de disjunto, de *nantambesta* (pas-sibête), porquanto faz, no gozo, a passagem de um sujeito à sua própria divisão, o que se funda não numa conjunção, mas numa disjunção entre os dois termos em questão, tornando-se, assim, signo.

Lapso ortográfico

Lacan conclui jocosamente esta lição, e sua homenagem a Jakobson, mencionando o lapso ortográfico que fizera numa carta endereçada a uma mulher: *"Jamais saberás o quanto tenho te amada* – a ao invés de o"[30]. Quiseram apontar-lhe, por um viés interpretativo certamente freudiano, que aquilo delatava a sua homossexualidade. Em resposta, Lacan lança a seu interlocutor nada menos que uma jaculação: "quando a gente ama, não se trata de sexo"[31]. É com essa pérola que ele encerra a lição, não nos deixando esquecer que se ama em posição feminina.

De quebra, ele nos dá uma pista das razões pelas quais ele faz do amor um signo, pois "o signo do amor é uma bagatela que murcha"[32],

---

27 Lacan, 1972-1973/1985, *op. cit.*, p. 36.
28 *Ibidem*.
29 *Ibidem*.
30 *Ibidem*, p. 37.
31 *Ibidem*.
32 Miller, J.-A. *Donc: la lógica de la cura*. (1993-1994) Buenos Aires: Paidós, 2011. p. 235.

é efêmero, episódico e tem afinidades com o nada – este amor do qual Lacan nos fala em *Mais, ainda*, forjado no não-toda, é incapturável arrojo, cujas raízes singram no Outro gozo.

ELISA ALVARENGA:

Aquiles x Don Juan

No final de nossa conversa da última vez, Simone Souto colocou uma questão sobre o termo compacidade, evocado por Lacan na primeira lição do Seminário 20, entre os dois exemplos de não relação sexual apresentados por Lacan nesta lição: o exemplo de Aquiles e a tartaruga e o exemplo de Don Juan.

> [...] Desse lugar do Outro, de um sexo como Outro, como Outro absoluto, o que é que nos permite colocar o mais recente desenvolvimento da topologia? Colocarei aqui o termo *compacidade*. Nada mais compacto do que uma falha, se é bem claro que a interseção de tudo que se fecha sendo admitida como existente num número infinito de conjuntos, daí resulta que a interseção implica esse número infinito. É a definição mesma da compacidade. Essa interseção [...] faz obstáculo à relação sexual suposta.[33]

Géneviève Morel aborda essa hipótese de compacidade de maneira interessante em um artigo[34] que tem o mérito de usar os conceitos da matemática para nos ajudar a entender a questão do gozo sexual e da relação entre os sexos. Assim, Morel nos diz que Lacan faz do gozo sexual um espaço que tem para os dois sexos (o fálico e o não todo fálico) a estrutura de um compacto. Do lado homem, é o esquema de Aquiles e a tartaruga; do lado mulher, é o mito feminino de Don Juan. Vale a pena retornarmos sobre esse ponto porque podemos entender melhor dois tipos de infinito apresentados aqui por Lacan. O não-todo intro-

---

33 Lacan, 1972-1973/1985, *op. cit.*, p. 17.
34 Morel, G. L'hipothèse de compacité et les logiques de la succession dans le chapitre I d'*Encore. La cause freudienne*, Paris, n. 25, p. 95-106, 1993.

duz nesse espaço do gozo sexual uma relação ao infinito que deve ser especificada para cada sexo.

O primeiro infinito seria aquele notado pelo aleph 0, que se obtém ao fazer a soma infinita dos números racionais, extraindo do seu interior o número transfinito.[35] O outro infinito, denominado aleph 1, é o cardinal do conjunto dos números reais contidos entre 0 e 1. Esse aleph 1 caracteriza a potência do contínuo. Assim, um número real tem infinitos decimais e é impossível de escrever com os números inteiros. Se aleph 0 é um infinito de extensão, marcando a descontinuidade ou furo entre dois números inteiros, o aleph 1 caracteriza o infinito do contínuo, sem vazio. Aproximamos esse infinito em uma distância finita, entre 0 e 1, em um conjunto limitado, infinitamente próximo mas inatingível. Na lição I do Seminário 20 é esse infinito da potência do contínuo, aleph 1, que caracteriza, segundo Morel, o não-todo, como vão mostrar o paradoxo de Zenão e o mito de Don Juan.

Aquiles e a tartaruga é o paradigma da infinitude pela qual um homem tenta alcançar uma mulher como Outro, com o obstáculo do gozo fálico. Como não pode gozar do corpo do Outro, ele goza do objeto a, pelo qual esse corpo assexuado causa seu desejo. A castração reduz o gozo sexual a ser apenas fálico, enquanto o supereu exige a infinitude, o que deixa o homem na culpabilidade da falha: é o gozo que não deveria. Por ser não-toda, a tartaruga só será alcançada numa certa infinitude.

Lacan segue Alexandre Koyré nas suas observações sobre o paradoxo de Zenão, em que a ideia de contínuo é um impossível de apreender, escapando a qualquer determinação de grandeza ou número. O contínuo é a alteridade em si, o *Heteros* (Outro). Não se pode nem o numerar nem o medir. O contínuo é então, para Koyré, o Outro de Platão como alteridade absoluta, como não ser. Assim, Aquiles materializa, graças ao conceito de contínuo, a inacessibilidade do Outro a partir do Um (Φ) e do ser (a). A ultrapassagem fálica do homem se encarna clinicamente no "rápido demais" da ejaculação precoce ou no orgasmo indefinidamente repelido.

Então, do lado do homem, a hipótese de compacidade do espaço do gozo sexual reescreve a falha em alcançar o Outro pelas ultrapassagens

---

35 Cf. Miller, J.-A. Sobre o transfinito. *Opção Lacaniana, Revista Brasileira Internacional de Psicanálise*, São Paulo, n. 6, p. 1-5, 1993.

fálicas sucessivas que só se ajustariam à compacidade desse Outro no infinito. Portanto, repetição infinita do mesmo.

As mulheres são figuradas por espaços abertos que se supõem diferentes. O interesse da compacidade é aqui de trazer um número infinito de mulheres, que figura o Outro, a um número finito, e portanto acessível. Por isso, Lacan evoca Don Juan. Pode-se contar em uma lista as mulheres que já se teve, o que faz Don Juan, mas o uma por uma está intrinsecamente ligado ao não-todo compacto, pois uma mulher, no lugar de um desses espaços abertos, não se considera como toda, ela nem sabe que parte toma no infinito do recobrimento inicial, deslocalização da não-toda para ela mesma.

Uma mulher pode dar destinos diferentes à relação com os homens, produzindo um sub-recobrimento finito do recobrimento infinito inicial. Podem-se distinguir assim:

1. a mulher das listas, colecionadora de homens: donjuanismo feminino;
2. a excluída voluntária: não pertence a nenhuma lista;
3. a última ou a uma-a-menos: a única.

Não é pela fantasia e o objeto a, ao contrário dos homens, que uma mulher faz suplência à não relação sexual. Se no Seminário 10 Lacan dizia que Don Juan é um sonho ou fantasia feminino, do homem sempre desejante, no Seminário 20 Don Juan como mito é uma tentativa de dar forma épica ao que opera da estrutura do uma por uma procedente do gozo sexual compactado pela presença do Outro.

Se Lacan pôde aproximar Don Juan de Tirésias, por exemplo, que pôde experimentar o gozo feminino, e um desejo sempre renascente, aquilo pelo qual ele não é um homem é sua ausência de condição para o desejo. É suficiente ser uma mulher – *odor di femina* – para causar seu desejo. Ele teria então acesso à não-toda como definição da feminilidade, o que o colocaria em relação com o Outro, contrariamente a um homem que só encontra no lugar do Outro a causa parcial do desejo, a. Fálico por um lado e em relação com o Outro, por outro lado, ele seria o parceiro perfeito para a não-toda, cujo gozo se desdobra entre Φ e $S(\cancel{A})$. Poderíamos acreditar que Don Juan atingiria o Outro pela adição infinita dos 1+1+1..., mas Lacan indica que é a via do uma por uma que conta para ele, em que o Outro se demonstra, ao contrário, incompleto, S($\bar{A}$). Assim, Don Juan é o avesso de Aquiles.

Morel conclui com a constatação de um duplo fracasso: o cruzamento entre as abordagens masculina e feminina do gozo sexual. Para a mulher, que tem um acesso potencial ao Outro, fonte de infinito, a lógica do não-todo lhe impõe demandar o Um do uma por uma. Para o homem, lá onde estão o ser (*a*) e o Um fálico, é a exigência de infinitude encarnada pelo supereu feminino que o faz falhar em alcançar o Outro.

Contingência

O complemento sobre a besteira é a fala de Lacan apresentando a intervenção de François Recanati.[36] Besteira em que estamos imersos por gozar de falar de amor. Lacan falou da carta de amor e da declaração de amor, mas do amor... não se poderia falar. A besteira condiciona o título do seminário deste ano: *Encore* (*Mais, ainda*) é um advérbio de intensificação, uma aspiração, uma jaculação: outra vez! 'Mais, ainda' não se compreende se não se trata de um gozo. "Vocês gozam com minha presença", diz Lacan, como ele goza de voltar cada vez: "Minha presença em meu discurso é minha besteira"[37]. O falasser goza *encore*, mais uma vez, *en corps*. Não há relação sexual, mas no discurso analítico, debaixo do lugar do semblante (*a*), se escreve S_2, no lugar da verdade, para produzir... besteira. Como sair da besteira? Não foi preciso o discurso analítico para anunciar que não há relação sexual. Já o saberia São Paulo: as mulheres de um lado, os homens do outro. Na sua primeira epístola aos Coríntios, São Paulo faz uma série de prescrições sobre a vida sexual, o casamento e a virgindade.[38] Nos outros discursos, a besteira é aquilo

---

36 Publicada em *Scilicet 5*. Paris: Seuil, 1975. p. 61-87.
37 Lacan, 1972-1973/1985, *op. cit.*, p. 21.
38 São Paulo, Primeira Epístola aos Coríntios, *Bíblia de Jerusalém*. São Paulo: Paulus, 2002. p. 2000-2001. "Tudo me é permitido, mas nem tudo convém. Não me deixarei escravizar por coisa alguma. O corpo não é para a fornicação, e sim, para o Senhor. [...] É bom ao homem não tocar em mulher. Todavia, para evitar a fornicação, tenha cada homem sua mulher e cada mulher o seu marido. A mulher não dispõe do seu corpo, mas é o marido quem dispõe.

de que a gente foge, mas no discurso analítico não tem como não passar pela dimensão da besteira.

Carmen Gonzáles Táboas[39] nos diz que não é por casualidade que Lacan convidou Recanati, que já havia feito uma exposição no Seminário 19. Ele falará de Gottlob Frege, o matemático, e de Charles Sanders Peirce, o lógico. Peirce admite a ideia de Frege, de que o zero permite pensar a origem do número. Na inscrição do 0 já se conta 1. Mas Peirce diferenciou dois zeros: um é relativo – há impossibilidades não inscritas que podem passar a inscrever-se. O outro é absoluto – é absolutamente impossível inscrevê-lo. Há o que não cessa de não se escrever e não cessará. Na psicanálise, um pedaço de real pode cessar de não se escrever do que não cessa de não se escrever. O discurso analítico faz surgir, pelo deslocamento da negação, o campo potencial. O deciframento seria infinito se não encontrasse seu limite no escrito. Lacan acrescenta à lógica das modalidades de Aristóteles uma teoria da escrita.[40] A modalização construída por Lacan a partir da lógica aristotélica – cessa de se escrever (possível), não cessa de se escrever (necessário), não cessa de não se escrever (impossível), cessa de não se escrever (contingente) – marca a condição dessa escritura: para que a contingência aconteça no espaço do gozo, necessita-se do ato do analista. Há fuga do sentido: um impossível de dizer relativo pode passar pela equivocidade de lalíngua, enquanto o sentido sexual será impossível de dizer. Não podemos deixar de evocar aqui o tema das Jornadas da Seção Minas Gerais: "Acontecimento de corpo, da contingência à escrita".

Linguisteria

Podemos dizer que o momento clássico do ensino de Lacan se apoia no algoritmo saussuriano S/s[41], complicado pelo aporte de Jakobson, que

---

O marido não dispõe do seu corpo, mas é a mulher quem dispõe. [...] Voltai a unir-vos, a fim de que Satanás não vos tente mediante a vossa incontinência. [...] É melhor casar-se do que ficar abrasado".
39 Táboas, C. G. *El amor, Aún*. Buenos Aires: Grama, 2020. p. 59.
40 Cf. Cathelineau, P.-C. *Lacan lecteur d'Aristote*: politique, metaphysique, logique. Paris: Association Freudienne Internationale, 1998. p. 349.
41 Em Saussure, temos conceito/imagem acústica ou significado/significante, circundados

integra a retroação no estabelecimento da significação e constrói um equilíbrio código-mensagem retroativo do qual Saussure, com sua representação de duas substâncias que se deslizam uma sobre a outra, não tinha ideia. Lacan, em seu primeiro ensino, retoma esse algoritmo de Saussure, com o aporte de Jakobson, que se resume em sua construção do ponto de basta. Instalar sobre o grafo o sintoma no lugar da significação é considerar que o simbólico determina o real do sintoma[42], dominação subvertida no último ensino de Lacan com a topologia dos nós RSI.

Lacan homenageia Jakobson, linguista russo que escutou naqueles últimos dias, por conseguir não falar bestamente da linguagem. Lacan deixa a linguística aos linguistas, inclusive sua função poética, reservando à psicanálise a linguisteria. É preciso alimentar a besteira, que não se alimenta sem a dimensão imaginativa.

"Meu dizer que o inconsciente é estruturado como uma linguagem não é do campo da linguística."[43] Esse dizer de Lacan abre para uma frase inaugural do seu texto "O aturdito": "Que se diga fica esquecido detrás do que se diz no que se ouve"[44]. É pelas consequências do dito que se julga o dizer, mas o que se faz do dito resta em aberto. Vou me deter nessa frase de Lacan, pois me parece que ela assinala uma mudança de perspectiva fundamental nesse momento do seu ensino.

Lacan coloca a questão de saber como um ensino que toca o real é possível e como pode se transmitir uma experiência subjetiva como ensinante. Na psicanálise, é preciso que haja um que diga e esse sujeito de onde parte o dizer é crucial.[45]

No seu curso *Piezas sueltas*[46], Jacques-Alain Miller comenta a frase de Lacan apoiando-se sobre a noção de atitude proposicional, que reencon-

---

por uma elipse e duas flechas formando o signo.
42 Laurent, É. Intervenção no Curso de Jacques-Alain Miller no dia 07.02.2001. In: Miller, J.-A. *El lugar y el lazo*. (2000-2001) Buenos Aires: Paidós, 2013. p. 173-174.
43 Lacan, 1972-1973/1985, *op. cit.*, p. 25.
44 Lacan, J. O aturdito, (1972) In: Lacan, J. *Outros escritos*. Rio de Janeiro: Jorge Zahar Ed., 2003. p. 448; Lacan, 1972-1973/1985, *op. cit.*, p. 26.
45 La Sagna, P. *Contrer l'Universel*: "L'étourdit" de Lacan à la lettre. Paris: Éd. Michèle, 2020. p. 31.
46 Miller, J.-A. *Piezas sueltas*. (2004) Buenos Aires: Paidós, 2013. p. 10-12.

traremos no seu curso *L'Un-tout-seul*[47], e que acrescenta a ideia de uma posição do sujeito em relação a uma proposição considerada. Miller diz que, em tudo que Lacan enuncia, as aspas são constantes: "se posso dizer", "por assim dizer", "o que se chama". A essência de sua enunciação toma as palavras entre aspas. É uma maneira de falar e apagar aquilo de que se trata: "não é bem assim". De falar do não-todo, impossível de universalizar, aberto, que se descompleta. Para achar a palavra justa, é preciso deformá-la para que ela chegue a passar o muro do significante e do significado. Ela traduz as noções de crença, de desejo e supõe que o que se diz só existe naquilo que se ouve. É isso que convém lembrar, não esquecer, em se tratando da interpretação analítica. O que se diz se constrói a partir daí, e Miller o chama de elucubração. O que se ouve se elucubra, e o que se diz é sua consequência mais do que sua origem. A interpretação analítica é então, antes de tudo, o que se ouve.

Em "O aturdito", a frase "Que se diga, fica esquecido por trás do que se diz no que se ouve" é seguida de: "Esse enunciado, que parece de asserção, por se produzir numa forma universal, é de fato modal, existencial como tal: o subjuntivo com que se modula seu sujeito é testemunha disso"[48]. Essas duas frases haviam sido escritas por Lacan em uma conferência em Milão em maio de 1972[49] e retomadas na última lição do Seminário 19, *...ou pior*[50]. O esquecido não seria forçosamente "que se diga", mas também o que é dito. Há vários sentidos em ouvir (*entendre*). Podemos compreender, mas há um resto, esquecido. Para dar um exemplo, na psicanálise, a fantasia inconsciente concerne às coisas ouvidas e mal-entendidas, pela criança, a propósito da sexualidade, com as quais ela constrói sua fantasia. Não é a mesma coisa que esquecer o fato que se diga.[51]

Segundo Philippe La Sagna, um lógico formalista distingue o plano da lógica e o da gramática, mas se consideramos que a impossibilidade da

---

47 Miller, J.-A. *L'Un-tout-seul*. Curso de orientação lacaniana. Lição de 19/01/2011. (Inédito)
48 Lacan, 1972/2003, *op. cit.*, p. 448.
49 Lacan, J. Du discours psychanalytique. Milano, 12 maggio 1972. p. 195. Disponível em: http://www.valas.fr/IMG/pdf/IIIIIILacan_in_italia_chap_2.pdf.
50 Lacan, J. *O seminário*, livro 19, *...ou pior*. Texto estabelecido por Jacques-Alain Miller. Rio de Janeiro: Jorge Zahar Ed., 2012. p. 213.
51 La Sagna, 2020, *op. cit.*, p. 33.

metalinguagem nos faz recair sempre na linguagem comum, a posição de Lacan é de não mais distinguir lógica e gramática. Logicizar a gramática desemboca em um certo número de impossíveis, então Lacan faz um uso da gramática. Um enunciado assertivo sustenta uma tese universal, mas o subjuntivo coloca isso em questão. Seu uso faz da asserção uma proposição modal. Em Milão, ele diz que a existência só é admissível no nível do matema, com o quantificador existencial. Mas a emergência de um dizer procede de uma atualidade histórica, a da emergência de um discurso. A existência parte, então, também desse ponto em que Lacan se aproxima da existência do objeto *a* na sua relação ao dizer. Qualquer que seja o matema, é necessário que em um dado momento ele seja lido e comentado, dando lugar ao corpo e seu gozo. "Que se diga" mostra que a enunciação ex-siste à verdade lógica que contém a frase. A partir do momento em que se introduz o fato de dizê-lo, introduzimos uma dimensão que ex-siste à definição verdadeiro/falso.[52]

Lacan tenta construir uma lógica do gozo. "Para que um dito seja verdadeiro, é preciso ainda que se o diga, que haja dele um dizer."[53] Miller mostra que, até 1972, estávamos na doutrina da verdade que fala, tese de 1955 em que a verdade se situava no dizer: "Eu, a verdade, falo"[54]. No Seminário 20, a verdade não se situa mais do lado da enunciação, mas do enunciado. A enunciação convoca a existência, não do verdadeiro, mas do real impossível de apreender. Sua enunciação é momento de existência, ela ex-siste à verdade. Do ponto de vista do discurso, a verdade não é mais que um lugar.

Um novo amor

Lacan se refere, então, ao poema de Rimbaud, "A uma razão", que fez ressoar nos textos de nossa Jornada do ano passado o sintagma "um novo amor", para dizer que o amor, nesse texto, é o signo de uma troca

---

52 *Ibidem*, p. 33-34.
53 Lacan, 1972/2003, *op. cit.*, p. 449.
54 Lacan, J. A coisa freudiana. (1955) In: Lacan, J. *Escritos*. Rio de Janeiro: Jorge Zahar Ed., 1998. p. 410.

de razão, ou seja, da passagem de um discurso a outro. E ainda, que a cada travessia de um discurso a outro há uma emergência do discurso analítico.[55] Já no seu Seminário 15, *L'acte psychanalytique*, na lição de 10 de janeiro de 1968, Lacan fala daquilo que se ultrapassa no ato e que suscita um novo desejo, evocando o poema de Rimbaud:

> "Um golpe do teu dedo no tambor desencadeia todos os sons e dá início a uma nova harmonia / Um passo teu recruta os novos homens e os põe em marcha / Tua cabeça avança: o novo amor! Tua cabeça recua: o novo amor!"

E Lacan conclui: "É a fórmula do ato"[56].

Lacan evoca aqui seus quatro discursos – do mestre, universitário, histérico e do analista –, nos quais os quatro lugares são – o agente, o outro, a verdade e a produção – ocupados rotativamente pelos quatro termos – S_1, o significante-mestre (m'être); S_2, o saber; $\$$, o sujeito e *a*, o mais gozar. Essa noção de discurso deve ser tomada como laço social fundado sobre a linguagem.

Se o gozo do Outro, como vimos com Lucíola, não é signo do amor, o amor é signo de uma mudança de discurso, e mais, do ato analítico. Poderíamos distinguir o desejo do analista, onde o objeto *a* ocupa o lugar do semblante, do signo de amor como signo de uma mudança de discurso? Este signo, sem significação, seria um signo da presença do analista, responsável pelo ato analítico? Signo de amor como dar o que não se tem?

Para definir o significante, Lacan não se limita a seu suporte fonemático, que diz respeito ao som. O significado será sempre outro significante, e este também remete a mais um, o que leva Lacan a evocar o provérbio, notadamente Jean Paulhan e seu *L'expérience du proverbe*, a partir de sua experiência em Madagascar. Lacan vai além, percebendo, nas margens da função proverbial, que a significância – aquilo que tem efeito de significado – se abre em leque, do provérbio à locução.

---

55 Lacan, 1972-1973/1985, *op. cit.*, p. 26.
56 Alvarenga, E.; Macêdo, L. (orgs.) *Mutações do laço social*: o novo nas parcerias. Belo Horizonte: EBP-MG, 2021. p. 13.

Lacan dá como exemplo a expressão francesa *à tire-larigot*, que foi traduzida como à beça, pois as duas expressões têm um significado semelhante. São expressões que manifestam a subversão do desejo, onde a significância corre solta. A suposta arbitrariedade dos efeitos de significado se deve, segundo Lacan, ao fato de que esperamos que aquilo que os causa tenha certa relação com o real. Mas as referências, as coisas que o significante serve para aproximar, permanecem aproximativas. Na relação do significado com o referente, o significado rateia.

Lacan evoca Recanati e a lógica de Port Royal, reduto jansenista e cartesiano do século XVII que participa do debate linguístico e filosófico da época com seus termos de signo, predicação, substância e ser, todos presentes aqui. Port Royal, em oposição à permissividade jesuítica, é o reduto do rigor agostino-jansenista, corrente religiosa criada pelo teólogo Cornelio Jansen e declarada herética pela Igreja Católica.[57] Se Recanati evocou os adjetivos substantivados, Lacan evoca a besteira a partir do significante que é besta. Não é à toa que Lacan evoca Pascal, que diz: "O homem não é anjo nem besta, quem quer se fazer de anjo, faz-se de besta". A evocação do sorriso besta do anjo, que "nada no significante supremo"[58], parece caminhar para o que Lucíola abordou sobre o significante como causa de gozo.

---

57 Cf. Táboas, 2020, *op. cit.*, p. 60.
58 Lacan, 1972-1973/1985, *op. cit.*, p. 32.

III

A FUNÇÃO DO ESCRITO E OS DESTINOS DA LETRA

LUCÍOLA MACÊDO:

Jakobson

Em nosso último encontro, lançamos um foco de luz sobre a assertiva "o significante é a causa do gozo"[1], crucial não apenas na segunda lição, momento em que Lacan presta homenagem ao amigo Roman Jakobson, mas em todo o desenrolar do Seminário 20.

Gostaria de dizer mais algumas palavras sobre essa homenagem antes de passarmos propriamente à função do escrito, pois me parece que ela contempla não apenas o linguista – cujo estudo sobre as afasias[2] o permitiu formalizar a incidência do significante na doutrina psicanalítica –, mas sobretudo o poeta que, quando jovem, no período turbulento da segunda década do século XX, integrou, sob o pseudônimo de R. Aliagrov, os movimentos de vanguarda da poesia russa, reafirmando o primado do som sobre o conteúdo, o significado e o objeto, o que o levou a problematizar a concepção tradicional do material fônico no campo da linguística.[3]

O poeta que, consternado pelo suicídio de Vladímir Maiakóvski, redigiu, em 1930, o ensaio "A geração que esbanjou seus poetas", no qual

---

1 Lacan, J. *O seminário*, livro 20: *Mais, ainda*. (1972-1973) Texto estabelecido por Jacques-Alain Miller. Rio de Janeiro: Jorge Zahar Ed., 1985. p. 36.
2 Cf. Jakobson, R. Dois aspectos linguísticos e dois tipos de afasia. (1941) In: Jakobson, R. *Linguística e comunicação*. São Paulo: Cultrix, 1995. p. 34-62.
3 Jakobson, R.; Pomorska, K. Posfácio. In: Jakobson, R.; Pomorska, K. *Diálogos*. São Paulo: Cultrix, 1985. p. 172.

perfaz uma pungente elaboração crítica e afetiva a propósito da poesia e dos poetas nascidos nas últimas décadas do século XIX, responsáveis pela segunda grande explosão da poesia na literatura russa. Abandonando a ortodoxia, Jakobson problematiza o suicídio do amigo e aquele período brutal de perseguição política aos poetas que inspiraram a sua geração.[4]

Jakobson não apenas concebeu e praticou a teoria fonológica conjugada à linguagem poética.[5] Ele extraiu dessa torsão um novo conceito, a "função poética", que tem por princípio a precedência da dimensão fônica em relação ao sentido. Terá sido esta a base sobre a qual Lacan se apoiou para a formulação de lalíngua? Tal hipótese leva-me a crer que a contribuição de Jakobson para a psicanálise possivelmente vá além do estrito marco da linguística e da fonologia estrutural.

Gramática

Retraçado este caminho, volto à passagem trazida à luz no encontro passado sobre a qual Mariana Vidigal lançou-nos uma pergunta. A correspondência entre Lacan e Francis Ponge, publicada em *La Cause du Désir*, número 106, me permite ensejar uma leitura do fragmento em questão. Lacan escreve a Ponge no intuito de vir em socorro do amigo Roman Jakobson, que esteve em meados de dezembro de 1972 em Paris, momento em que proferiu quatro célebres conferências no Collège de France. Nunca é demais mencionar as contribuições originais e inovadoras de Jakobson sobre o papel da gramática na poética.[6] Em uma das conferências proferidas algumas semanas antes na Faculdade de Letras de Lisboa, Jakobson evoca Santo Agostinho, que dizia que um homem que não tem em conta a poesia, que não a compreende, não pode arrogar-se à qualidade de gramático, ou seja, de linguista.[7]

---

4 Jakobson, R. *A geração que esbanjou seus poetas*. São Paulo: SESI-SP Editora, 2018. p. 11.
5 Jakobson; Pomorska, 1985, *op. cit.*, p. 11.
6 Cf. Jakobson, R. Aspectos linguísticos da tradução. (1958) In: Jakobson, R. *Linguística e comunicação*. São Paulo: Cultrix, 2005. p. 63-72; Jakobson, R. Poesia da gramática e gramática da poesia. (1968) In: Jakobson, R. *Linguística. Poética. Cinema*. São Paulo: Perspectiva, 2011. p. 65-79.
7 Jakobson, R. O que fazem os poetas com as palavras. Disponível em: https://edisciplinas.

Vejamos a questão posta por Jakobson a Lacan: "há algum exemplo de poesia em francês onde se denota a violação da concordância gramatical – disfunção do singular e do plural, *do gênero*, posposição da "preposição", etc.? Todos os procedimentos que um Cummings deliberadamente empregou em inglês?"[8]. Jakobson nutre especial interesse pela investigação do impacto da diferença da estrutura gramatical na tradução em poesia, e entre diferentes idiomas, tema sobre o qual havia já redigido importantes estudos.[9] A partir da análise de um vasto material poético, ele delimitou diferentes categorias de fenômenos fônicos e enfrentou a questão da obrigatoriedade e intraduzibilidade das categorias gramaticais no âmbito da poesia e da tradução poética.[10]

Na conferência de Lisboa, Jakobson exemplifica de uma maneira bastante jocosa alguns impasses na tradução, trazendo à baila, naquela ocasião, as dificuldades quanto ao gênero. Ele evoca um poema de Heine em que "duas árvores isoladas – um pinheiro no norte, e uma palmeira, no Sul – sonham uma com a outra, exprimem um amor que a distância não permite saciar"[11]. Na tradução para o russo o poema fica "adocicado" demais pois ambas as árvores têm nomes femininos; já na versão francesa, o efeito poético também encontra divergências em relação ao verso originalmente escrito, pois as duas árvores portam nomes masculinos.

A resposta de Ponge não chegou ao seu destino a tempo da conferência de Jakobson, mas três dias após o compromisso acadêmico do célebre amigo que esteve presente na segunda lição do seminário de Lacan. Este é, supomos, o pano de fundo sobre o qual Lacan parece lançar mão, ao final da lição, *en passant*, das referências ao gênero e à gramática. Elas estavam endereçadas e faziam jus à presença do amigo.

---

usp.br/pluginfile.php/4097645/mod_resource/content/1/Roman%20Jakobson.%20O%20 que%20fazem%20os%20poetas%20com%20as%20palavras.pdf.
8 Lacan, J.; Ponge, F. Lettres Lacan - Ponge. *La Cause du Désir*, Paris, n. 106, p. 14, 2020. Grifo nosso.
9 Cf. Jakobson, R. Aspectos linguísticos da tradução. (1958) In: Jakobson, 1995, *op. cit.*; Poesia da gramática e gramática da poesia (1968). In: Jakobson, 2011, *op. cit.*
10 Jakobson, R.; Pomorska K. Posfácio. In: Jakobson, R.; Pomorska K. *Diálogos*. São Paulo: Cultrix, 1985. p. 172.
11 Jakobson, R. O que fazem os poetas com as palavras.

Lacan interrogava, àquela altura, a diferença entre a comunicação sem falhas no reino animal e o tortuoso caminho do gozo naquilo que concerne ao ser falante. Ele diz: "[...] o estreitamento confuso de onde o gozo toma sua causa, sua última causa, que é formal, não é ele da ordem da gramática que a comanda?"[12] – fica subentendida aqui uma reverência à presença de Jakobson, para quem a gramática comanda a composição do poema.

Pois bem, o que parece estar em jogo no trocadilho gramatical ao qual recorre na sequência, para além dos recursos à aliteração e à homofonia, são as questões atinentes à função do gênero *Pierre bat Paul/ Pierre et Paule*, que reaparecem no parágrafo seguinte sob a forma de seu próprio lapso *calami*, quando incorre, ele próprio, em uma agramaticalidade, dirigindo-se a uma mulher conjugando o verbo no masculino (*aimé*) e não no feminino (*aimée*), como deveria ser.

Dizer que o gozo toma sua causa nas questões de gramática alude, ao mesmo tempo, à função das violações das regras gramaticais presentes na poética (tema da questão que lhe foi posta por Jakobson), como também, e fundamentalmente, à tese de que o significante é causa de gozo. Temos aí um tocante exemplo da ação das circunstâncias nas construções de Lacan no curso de seu seminário.

"Publixar"

A partir deste ponto Lacan se lançará, nesta terceira lição, ao exame da função do escrito, que se inicia com uma anedota, seguida de uma pequena confissão autobiográfica. A anedota, referida ao volume dos *Escritos* publicado em 1966, aproxima com a palavra *poubellication* o ato de publicar ao resto, dejeto, ao depósito de lixo: "eu digo que publixo"[13]. A sua confissão autobiográfica, de que "pensava que eles não eram para ser lidos"[14], é seguida a uma série de referências à letra, como aquilo que se lê no prolongamento da palavra: "lê-se, e literalmente".

---

12 Lacan, 1972-1973/1985, op. cit., p. 37.
13 *Ibidem*, p. 38.
14 *Ibidem*.

Não se trata de dizer tudo, mas de dizer não importa o quê, sem hesitar em dizer besteiras, e neste ponto arremata outra confissão, que não é sem relação com as circunstâncias, já que havia acabado de redigir o posfácio ao Seminário 11, que foi seu primeiro seminário a ser publicado. Confessa seu temor em ver publicados os seus seminários. Teme retornar ao que disse, reler-se, e ter dito besteiras, ter proferido algo que já não se sustentasse tempos depois. "Reler-se" o leva a interrogar sobre a função do que se lê a fim de precisar qual seria a função do escrito no discurso analítico, a fim de discernir, assim, "o que a letra introduz na função do significante"[15].

Cada um desses passos merecerá um desdobramento. É o que faremos, não sem antes trazer à luz alguns flashes sobre este ato inaugural que implicou no consentimento dado por Lacan ao estabelecimento do seminário por Jacques-Alain Miller, e com isso, sua publicação sequenciada, ainda que não ordenada cronologicamente. Este ato não é sem relação com as novas elaborações em torno da letra, da leitura, e do escrito, pois, até aquele momento, Lacan não considerava publicáveis as versões estenografadas de seu ensino. O que está em jogo aqui é a passagem do oral ao escrito, uma vez que "uma obra oral se mede apenas pelas consequências naquele que escuta, não se erguendo como um monumento"[16]. Lacan não somente não as considerava publicáveis como se negou, durante vinte anos, a publicá-las sob a forma de compêndios ou de resumos, até que Miller lhe propusesse fazer do seminário um livro. Lacan não tomava a versão estenográfica como "texto original"[17], posição absolutamente solidária das múltiplas disjunções e discrepâncias apontadas ao longo desta lição: entre o oral e o escrito; entre o que se diz e o que se lê; entre o que se lê e o se escreve; entre significante e letra.

Ele data o posfácio do Seminário 11 do dia 1º de janeiro de 1973, ou seja, poucos dias antes de proferir a terceira lição do Seminário 20, ocorrida no dia 9 de janeiro. Ele escreve:

---

15 *Ibidem*, p. 41.
16 Miller, J.-A. *El estabelecimento de "El Seminario" de Jacques Lacan*. Buenos Aires: Tres Haches, 1999. p. 12.
17 *Ibidem*.

Assim se lerá – este livro eu aposto.

Não será como meus *Escritos*, cujo livro se compra: dizem, mas é para não se ler.

Não é de se tomar por acidente, porque eles sejam difíceis. Escrevendo *Escritos* no invólucro da coletânea, é o que eu ouvia a mim mesmo prometer-me: um escrito, a meu ver, é feito para não se ler.

[...]

[...] o que se lê passa-através da escrita [...]

Não se pode duvidar, pelo tempo que nisso pus, de que a saída me desgoste, que eu qualifiquei como aquilo que publixo. Mas que se lixe para o que digo a ponto de lhe meter o jeito universitário, bem vale que eu marque aqui a incompatibilidade.[18]

Ao final, eis onde Lacan corta o texto:

O horrível é que a relação de que se fomenta a coisa toda, nada mais concerne senão o gozo e que o interdito que ali projeta a religião fazendo partilha com o pânico de que procede nessa região a filosofia, uma multidão de substâncias surgindo como substitutas à única própria, a do impossível de se falar dela, por ser o real.[19]

Em seguida, ele evoca a escrita do poema como um dizer menos besta e a análise como um novo discurso, por certa relação com o real, com o que se lê, por seus efeitos de gozo: quanto mais o significante funcionar como letra, separado do significado, mais efeito de significância, ou seja, maior abertura à dimensão poética da linguagem, que, por sua vez, não convocará a compreensão, mas a ressonância, o equívoco, até tocar o vazio, a causa, a rachadura, a rasura, a litura – Lacan o designa de diferentes maneiras –, ali onde se forja a barra no Outro, S(Ⱥ): "Há ali uma falha, um furo, uma perda. O objeto *a* vem a funcionar em relação

---

18 Lacan, J. *O seminário, livro 11: Os quatro conceitos fundamentais da psicanálise*. (1964) Texto estabelecido por Jacques-Alain Miller. Rio de Janeiro: Jorge Zahar Ed., 1988. p. 263-264.
19 *Ibidem*, p. 266.

a essa perda. Aí está algo de essencial à função da linguagem"[20]. É justo nesse nível em que opera a função do escrito, ao qual, no Seminário 20, Lacan atribuirá um estatuto lógico, por um lado, e literalizante, no sentido matemático do termo, por outro.

O significante é besta porque o significado o condena à sua rotina, aos sentidos preestabelecidos, uniformes. A leitura, por sua vez, se faz no nível da significância, onde o significante funciona como uma letra, separado do seu valor de significação, de onde poderá advir o efeito poético, como também as assonâncias, os recortes singulares, os neologismos, os equívocos, as agramaticidades e a ressonância, que consiste em fazer escutar, na palavra, o que ela não diz.[21]

A ileitura, o ilegível, portanto, o escrito para não ler, aponta para certo uso da linguagem que tem efeito de gozo. Ela não recobre a multiplicidade de caminhos de leitura, e mesmo certa ilegibilidade, com a oferta de um significado, como é usual que se faça no discurso universitário, por sua estrutura e função. Lacan não era simpático, àquela época, à ideia de que se agregasse ao seminário um aparato crítico, apinhado de citações, referências, esclarecimentos, para que tivessem a chance de continuar sendo, mesmo após passadas décadas, sensíveis aos caminhos de (i)leitura tomados por cada leitor, e não pelo que a glosa universitária poderia lhes agregar.[22]

Note-se que não é a primeira nem a última vez que Lacan aproxima a letra, o ato de publicação, e o lixo. Ele o fez em 1957, em "O seminário sobre 'A carta roubada'"; em 1964, no Seminário 11; e após o Seminário 20, o faz tão jocosa quanto ironicamente em 1978, no Seminário 25, *Le moment de conclure*, numa passagem onde toma a escrita como artifício por meio do qual se produz um forçamento: "Assim se escreve o Real"[23], dirá. Aproximando o escrito à matemática, tomando como referência o nó borromeano, Lacan diz: "o entediante é que estes *Escritos*, não iremos lê-los [...] Estão ali, no papel; mas o papel é também papel higiênico

---

20 Lacan, 1972-1973/1985, *op. cit.*, p. 41.
21 Miller, J.-A. O escrito na palavra. (1996) *Opção Lacaniana, Revista Brasileira Internacional de Psicanálise, São Paulo*, n. 16, p. 100, ago. 1996.
22 Miller, 1999, *op. cit.*, p. 41.
23 Lacan, J. *Le séminaire*, livre XXV: *Le moment de conclure*. (1977-1978) Texte établi para Jacques--Alain Miller. Lição de 10/01/1978. (Inédito)

[...] O mesmo com o qual limpa-se a bunda. Impossível, portanto, saber quem lê"[24]. Para então articular que o saber, este que se funda sob transferência, consiste apenas no legível, e o sujeito em questão é o "sujeito suposto saber ler de outra maneira", em que "ler de outra maneira, designa uma falta". É de faltar de outra maneira que se trata, uma vez que a linguagem é uma ferramenta falha, imperfeita. É bem por isso, dirá Lacan, que não temos nenhuma ideia do real.

Laço social

Antes de passar ao problema da ontologia, que retornará em diferentes momentos deste seminário, mas que nesta lição já se anuncia, Lacan faz uma menção ao laço social referido a um discurso, "a um modo de funcionamento, a uma utilização da linguagem como laço". Ele o faz a fim de precisar o que quer dizer esse laço, a saber, "É um laço entre aqueles que falam", que por sua vez são seres vivos, pois entre aqueles que falam não se pode excluir a dimensão da vida, "mas logo percebemos que essa dimensão faz entrar ao mesmo tempo a da morte, e que daí resulta uma radical ambiguidade significante"[25]. Não esqueçamos que na lição anterior havia colocado o acento sobre o corpo, sobre a substância do corpo como o que se define como "aquilo de que se goza": "Isso só se goza por corporizá-lo de maneira significante"[26].

O que me parece crucial nesta condensada passagem, naquilo que ela se articula com o tema da função do escrito, concerne às modulações do laço social no ensino de Lacan. Para dizê-lo brevemente, em seu retorno a Freud, Lacan recupera, num primeiro tempo, o acento libidinal da questão do laço com o Outro, em que estão em jogo, me refiro aqui à "Psicologia das massas"[27], a autoridade do pai, a repressão do gozo e as satisfações identificatórias. Ou seja, o laço social é postulado a partir

---

24 *Ibidem*.
25 Lacan, 1972-1973/1985, *op. cit.*, p. 43.
26 *Ibidem*, p. 35.
27 Freud, S. Psicologia de grupo e a análise do ego. (1921) In: Freud, S. *Edição Standard Brasileira das Obras Psicológicas Completas de Sigmund Freud*. v. XVIII. Rio de Janeiro: Imago, 1976. p. 89-179.

das identificações. Num segundo tempo, o laço social poderá ler-se sob o diapasão da fantasia e do gozo. Éric Laurent propõe uma leitura do laço social a partir das comunidades de gozo e de protesto, em que o grito advém como "pura enunciação que remete ao momento da perda"[28]. Estão presentes ali os dois tempos da fantasia: 1) o grito do sujeito; 2) o surgimento do objeto *a* como *kakon*, como objeto de um gozo mau do qual o sujeito não cessa de querer se separar. O corpo de onde se extrai o grito de protesto é um corpo que goza: tanto o corpo do sujeito, quanto o corpo político, atravessados por suas paixões fantasmáticas.[29]

No ponto em que estamos do Seminário 20, Lacan recolhe os efeitos do que havia formulado em "Radiofonia" e no Seminário 17, *O avesso da psicanálise*: o laço social é postulado como discurso, cujo acento está na pluralidade do laço social e na multiplicidade dos discursos. A ênfase estará não nos efeitos de sentido que a permutação dos elementos num dado discurso produz ($/, S1, S2, a$), mas no significante enquanto marca de gozo: "O que muda, com a noção de discurso, é a ideia de que a relação significante/gozo é uma relação primitiva e originária."[30], pois o que se veicula na cadeia significante é, antes de mais nada, o gozo. Ao incluir o objeto *a* como um dos elementos da fórmula dos discursos, a repetição significante se articulará, assim, ao gozo pulsional, como repetição de gozo.

Ontologia

Chegamos, por fim, ao que comumente se designa por "concepção do mundo", problema sobre o qual trago apenas as coordenadas gerais, e que pretendo retomar em todo o seu alcance na lição seguinte. Ao anunciá-lo, Lacan faz a ressalva de que esse termo não pertence ao discurso analítico, mas à filosofia, agregando que isto deveria ser para nós, psicanalistas, "o que há de mais cômico", pois "nada é menos garantido,

---

28 Laurent, É. O gozo e o corpo social. *Correio, Revista da Escola Brasileira de Psicanálise*, São Paulo, n. 80, p. 14, 2017.
29 *Ibidem*, p. 15-16.
30 Miller, J.-A. Os seis paradigmas do gozo. (1999) *Opção Lacaniana online nova série*, São Paulo, ano 3, n. 7, p. 24, mar. 2012.

se saímos do discurso filosófico, do que a existência de um mundo"[31]. Este é o momento no seminário em que Lacan demarca claramente um divisor de águas em relação ao discurso filosófico de modo geral, e em relação a Aristóteles, de modo particular.

Esse divisor de águas é a ontologia, por valorizar "na linguagem o uso da cópula"[32], de tudo o que converge no verbo *ser*, que é o domínio do discurso do Mestre. Lacan desejou exorcizá-lo, incendiá-lo, expurgá-lo. Para tanto, inicia o traçado que desalojará a ontologia em favor do que passa a designar, no Seminário 19, *...ou pior*, sob a égide da henologia: em contraposição à ontologia, Lacan visa num discurso o que nele exerce a função do Um – "Se vocês me permitem o neologismo, faço *henologia*"[33]. Para tanto, o primeiro passo será apontar, sob a rubrica do ser, a disjunção entre ser e ente, que traz em seu bojo algo que não está explicitado, que é a oposição entre o ontológico, referido ao ser, e o ôntico, ou existente, que se refere ao ente, àquilo que é, e que se aproximará da formulação do real lacaniano.

Lacan menciona ainda a quididade, situando aí o lugar onde se produz o discurso do ser[34], e que corresponderia ao conceito de essência, contrapondo-se ao *quod*, substância sem essência, ou seja, sem *quididade*. Tais termos foram introduzidos e desdobrados a partir das traduções latinas das obras de Aristóteles feitas do árabe, no século XII, a partir da expressão aristotélica *quod quid erat esse*[35], que, diferentemente, em Aristóteles conjugava essência e substância. Por aí podemos notar que não convém passar rápido demais por essas apropriações e analogias feitas por Lacan, que irão desembocar no discurso do Mestre, para então problematizar o conceito de "realidade pré-discursiva": não existe realidade pré-discursiva, dirá Lacan, uma vez que a realidade só se funda e se define por um discurso. Retomarei tais questões, em toda a sua amplitude e com os desdobramentos necessários, a partir do cotejamento

---

31 Lacan, 1972-1973/1985, *op. cit.*, p. 44.
32 *Ibidem*.
33 Lacan, J. *O seminário*, livro 19: *...ou pior*. (1971-1972) Texto estabelecido por Jacques-Alain Miller. Rio de Janeiro: Jorge Zahar Ed., 2012. p. 147.
34 Lacan, 1972-1973/1985, *op. cit.*, p. 45.
35 Abbagnano, N. *Dicionário de filosofia*. São Paulo: Martins Fontes, 2003. p. 820.

feito com lições de dois diferentes cursos de Jacques-Alain Miller[36], a fim de precisar o alcance da objeção de Lacan à ontologia e a uma doutrina do ser, rumo ao que propõe como henologia, cuja primazia é dada à existência, ao Um, ou seja, a uma ôntica do gozo.

ELISA ALVARENGA:

Significante besta

Da vez passada falávamos da dificuldade de localizar as entrevistas que Jakobson deu no Collège de France na véspera da segunda lição do Seminário 20. A revista *La Cause du Désir* número 106 nos traz uma notícia delas. Estabelecido no outono de 1972 com a ajuda de Claude Lévi-Strauss, o programa das quatro entrevistas é amplo. As duas primeiras falam do lugar da semântica na ciência da linguagem. A terceira é consagrada à análise estrutural de um soneto e a quarta, intitulada "Linguística e literatura, resposta às críticas", reafirma a pertinência das recorrências e contrastes gramaticais para a análise poética, ou seja, é uma defesa da análise estrutural da poesia.

Setenta e duas horas depois, Jakobson assiste à segunda lição do Seminário, na qual Lacan lhe presta homenagem, mas afirma que o inconsciente estruturado como uma linguagem não pertence ao campo da linguística. Jakobson supõe a Lacan um saber que concerne ao laço entre o significante e o dizer.[37] O sujeito do inconsciente não é aquele que pensa, mas aquele que a experiência da psicanálise engaja, não a pensar, mas a dizer besteiras. A partir daí, um certo real pode ser atingido, que tem a ver com o gozo, com a substância gozante. O objeto é causa do desejo; o significante, causa do gozo. Já o significado é um efeito do significante. E o significante é besta, no que ele é diferencial, mas não tem, por ele mesmo, nenhuma espécie de sentido.[38]

---

36 Os cursos são *Extimidad* (1985-1986) e *L'Un-tout-seul* (2011).
37 Cf. Sokolowsky, L. Sentir la portée de notre dire. *La Cause du Désir*, Paris, n. 106, p. 8-9, 2020.
38 Cf. Depelsenaire, Y. Lacan présocratique. *La Cause du Désir*, Paris, n. 107, p. 39-40, 2021.

Corpo furado

A terceira lição do Seminário 20 tem como tema "a função do escrito". Para Éric Laurent, a escrita é o instrumento que permite a Lacan operar uma ruptura crucial com o imaginário para orientar o corpo do falasser em direção ao real. No estádio do espelho o sujeito crê em seu corpo, está fascinado pela boa forma. Esse que experimenta o corpo fragmentado, se fascina por essa forma unificadora. Ao longo de seu ensino Lacan não cessa de separar o corpo da operação de fascinação imaginária. O corpo é pouco a pouco separado da forma, ele é furado, ele só existe pelo seu gozo. Esse corpo informe não tem mais envelope, ele é superfície topológica sobre a qual se inscreve o impacto da língua. É aí que virá se alojar a escrita, que desfaz a forma para introduzir, para além do limite imaginário do corpo, um litoral, uma borda direta com o gozo. A escrita no sentido de Lacan depende da fala. Ela a segue logicamente. Mas ela não é transcrição da fala. Ela se separa do imaginário da significação.[39]

Compreender e explicar

Se a escrita depende da fala e a segue logicamente, na terceira parte da lição III, trata-se de saber o que, num discurso, se produz por efeito da escrita. Se alguma coisa pode nos introduzir à dimensão da escrita, é nos apercebermos de que o significado não tem nada a ver com os ouvidos, mas somente com a leitura do que se ouve do significante. O significado não é aquilo que se ouve. O que se ouve é o significante. O significado é efeito do significante. Distingue-se aí algo que não passa de efeito do discurso que funciona como laço social.

Lacan toma um escrito: S/s, S conotando o lugar do significante, s o lugar do significado. Entre os dois, há a barra, para explicar, pois não há meio de compreendê-la, mesmo quando ela significa a negação. A negação da existência $\not\exists$, por exemplo, não é a mesma coisa que a negação da totalidade $-\forall$. Essas notações serão usadas por Lacan do lado

---

[39] Laurent, É. Effets corporels de l'écriture. Conferência proferida em Bruxelas em 20 de março de 2021.

feminino das fórmulas da sexuação para escrever, respectivamente, a não-existência da exceção e o não-todo do gozo feminino.

O que a barra faz valer, diz Lacan, já está marcado pela distância da escrita. A barra, como a escrita, não é algo para ser compreendido. Se não compreendemos os *Escritos* de Lacan, tanto melhor. Isso nos dará oportunidade para explicá-los. Ram Mandil, no seu livro *Os efeitos da letra*, esclarece que a leitura como compreensão, objeto de crítica por Lacan, é a leitura rotineira em que o significado guarda sempre o mesmo sentido, ou seja, um significante remete sempre ao mesmo significado. Para Lacan, um escrito é o que se joga no intervalo entre o significante e o significado. Um significado é efeito do significante que, tomado de forma isolada, nada tem a ver com tal ou qual significado. Compreender um escrito seria assim eliminar o fosso entre a multiplicidade de leituras de um significante por meio da oferta de um significado. A compreensão aponta para a univocidade de um sentido e é oposta por Lacan à explicação: *explanare* tem o sentido de espalhamento, desdobramento sobre um plano. Na compreensão há um limite, uma contração; na explicação, o horizonte é infinito, disperso. Na explicação, o fosso entre significante e significado permite sua distinção, ao contrário da compreensão.[40]

Lacan evoca seu escrito "A instância da letra no inconsciente ou a razão desde Freud", que mostra que os efeitos do inconsciente têm suporte graças a essa barra: efeitos distribuídos de acordo com duas estruturas fundamentais, na metonímia e na metáfora. Na fórmula da metonímia, $f(S...S') S = S(-) s$, o sinal – colocado entre parênteses manifesta a manutenção da barra, que marca a resistência da significação. Na fórmula da metáfora, $f(S'/S) S = S(+) s$, o sinal +, colocado entre parênteses, manifesta a transposição da barra para a emergência da significação.[41]

Então, se não houvesse essa barra, nada poderia ser explicado e não veríamos que há injeção de significante no significado. Se não houves-

---

40 Mandil, R. *Os efeitos da letra*. Rio de Janeiro: ContraCapa, 2003. p. 176-178.
41 Lacan, J. A instância da letra no inconsciente ou a razão desde Freud. (1957) In: Lacan, J. *Escritos*. Rio de Janeiro: Jorge Zahar Ed., 1998. p. 518-519.

se discurso analítico, continuaríamos a falar como papagaios, a cantar o discurso corrente, que gira porque não há relação sexual. Na espécie humana, não há um saber que escreva a relação entre os sexos, tal como, nos animais, essa relação se escreve entre o macho e a fêmea. Tudo que é escrito decorre do fato de que será para sempre impossível escrever como tal a relação sexual. A escrita é um certo efeito do discurso. Como vimos no primeiro capítulo, na relação entre os sexos, a mulher só pode ser tomada a partir dos caracteres sexuais secundários – os seios – ou seja, só entra em função na relação enquanto mãe[42], escrita do lado fálico das fórmulas da sexuação, como suplência do não-todo fálico sobre o qual repousa o gozo da mulher. Nesse gozo em que ela é não-toda – fálica – ausente de si mesma enquanto sujeito no seu gozo, ela encontrará como rolha esse *a* que será seu filho. A mulher só se escreve, então, enquanto mãe.

Do lado do homem, do que seria o homem se a relação sexual pudesse escrever-se de maneira sustentável em um discurso, o homem não é mais do que um significante e só entra em jogo como castrado, ou seja, marcado pelo gozo fálico, limitado. Homens e mulheres são, portanto, semblantes e só se escrevem tendo como referência o gozo fálico.

Ler e escrever

A letra é efeito de discurso, diz Lacan. Foi do mercado, um efeito de discurso, que a letra veio primeiro, como acreditou mostrar Sir Flinders Petrie (1853-1942), contemporâneo de Freud. Arqueólogo e egiptólogo britânico, pioneiro da metodologia sistemática, ele inventou um método para reconstituir a sequência de acontecimentos históricos em culturas antigas. Petrie acreditou mostrar que as letras do alfabeto fenício se achavam, bem antes do tempo da Fenícia, sobre pequenas cerâmicas egípcias, onde elas serviam de marcas de fábrica. Para Lacan, isso quer dizer que foi do mercado, um típico efeito de discurso, que a letra veio, antes que alguém sonhasse em usar letras para fazer algo que nada tem a ver com a conotação do significante, mas que a elabora e aperfeiçoa.[43]

---

42 Lacan, 1972-1973/1985, *op. cit.*, p. 15.
43 *Ibidem*, p. 50.

Lacan toma o exemplo da letra chinesa, à qual voltaremos no final, que saiu do discurso antigo de maneira completamente diferente de como apareceram nossas letras. Por saírem do discurso analítico, as letras têm valor diferente das que podem sair da teoria dos conjuntos. Nesta última, qualquer tipo de elemento pode ser reunido em um conjunto, sem necessidade de semelhança entre eles, nenhuma propriedade, forma, dado imaginário ou significação. Colocam-se juntas coisas que não têm entre elas nenhuma relação. O único ponto comum entre os elementos de um conjunto é de serem Uns que pertencem a tal conjunto marcado por tal letra. Na teoria dos conjuntos conta-se, além disso, o conjunto vazio, que não aparece quando se contam os elementos, mas somente quando se contam as partes ou subconjuntos. O conjunto vazio aparece como um Um-a-mais.[44]

Se na teoria dos conjuntos as letras fazem as reuniões, os ajuntamentos, como dirá Lacan na lição IV de *Mais, ainda*[45], podemos entender por que aqui ele distingue o uso da letra na álgebra do uso na teoria dos conjuntos.[46] Pois na álgebra se introduzem variáveis que representam os números, simplificando e resolvendo, por meio de fórmulas, problemas nos quais as grandezas são representadas por símbolos. O recurso de Lacan à teoria dos conjuntos e ao matema aponta a ambição de uma teoria que, para além do imaginário do pensamento, diz respeito ao seu real.

"A matemática e todas as disciplinas formais estão convocadas para cumprir esse programa", diz Jean-Claude Milner.[47] Lacan pouco a pouco separou a instância da letra do simbólico ainda humanista do discurso de Roma, reduzindo-o à sua depuração na letra S de RSI. Assim, a matemática ou a lógica seriam a ciência do real, pois ambas têm como propriedade a literalidade. A linguística, Lévi-Strauss e o estruturalismo não se sustentam diante da escrita matemática. O matema é o indício, o efeito e o nome dessa mudança.

---

44 Miller, J.-A. Aparelhos da escuta. Lição de 23/03/2011 do curso *O Um sozinho*. Cf. *Opção Lacaniana, Revista Brasileira Internacional de Psicanálise*, São Paulo, n. 83, p. 63, set. 2021.
45 Lacan, 1972-1973/1985, op. cit., p. 65.
46 *Ibidem*, p. 51.
47 Milner, J.-C. *A obra clara*. Rio de Janeiro: Jorge Zahar Ed., 1996. p. 111.

Segundo Milner, Jakobson fora o arauto da matemática referida ao simbólico. A lição II do Seminário 20 é um adeus a essa antiga figura. A "linguisteria" é um nome formado como o nome de condutas próprias aos artesanatos desprezados – pirataria, escroqueria – mais sobre a palavra linguista do que sobre a linguística. Assim, para Milner, o conjunto dos *Escritos* estava submetido ao programa da matemática ampliada. Mas nada aí matematizado está conforme ao matema, que só existiria estritamente após "O aturdito", com as fórmulas da sexuação.[48] Voltaremos a isso nos próximos capítulos.

Jacques-Alain Miller comenta que a existência não nos faz sair da linguagem, mas para aceder a ela é preciso tomar a linguagem a um outro nível que aquele do ser, a saber, aquele da escrita. Na matemática, em particular, o escrito funciona de maneira autônoma. Não se deve pensar que só há letras do alfabeto, as cifras também são letras. O significante opera então cortado da significação. É nesse nível que podemos apreender uma existência sem mundo. O discurso científico se sustenta dessa escrita sem o mundo do *Dasein* – Ser-aí – que acreditamos conhecer.[49] Por isso, Lacan diz: "A partir do momento em que vocês podem ajuntar aos átomos um troço que se chama quark – partícula elementar constituinte fundamental da matéria que forma os prótons e os nêutrons – fio do discurso científico, se trata de outra coisa que não um mundo"[50].

Então Lacan nos aconselha a ler Joyce:

> [...] Ali vocês verão como a linguagem se aperfeiçoa quando se trata de jogar com a escrita.
>
> Joyce, acho mesmo que não seja legível – não é certamente traduzível em chinês. O que é que se passa em Joyce? O significante vem rechear o significado. É pelo fato de os significantes se embutirem, se comporem, se engavetarem – leiam *Finnegans Wake* – que se produz algo que, como significado, pode parecer enigmático, mas que é mesmo o que há de mais próximo daquilo que nós analistas, graças ao discurso analítico, temos de

---

48 *Ibidem*, p. 113.
49 Miller, 2011/2021, *op. cit.*, p. 59-60.
50 Lacan, 1972-1973/1985, *op. cit.*, p. 51.

ler – o lapso. É a título de lapso que aquilo significa alguma coisa, quer dizer, que aquilo pode ser lido de uma infinidade de maneiras diferentes. Mas é precisamente por isso que aquilo se lê mal, ou que se lê de través, ou que não se lê. [...]

O de que se trata no discurso analítico é sempre isto – ao que se enuncia de significante, vocês dão sempre uma leitura outra que não o que ele significa.[51]

Tomar um significante isolando-o de suas possíveis significações implica abordá-lo como algo próximo a uma letra, como aponta Ram Mandil em *Os efeitos da letra*.[52] A discrepância entre significante e significado fica evidente no lapso como formação do inconsciente. No lapso, esclarece Miller, há uma decalagem entre o significante e o significado. Meu querer dizer, minha intenção de significação, é substituída por um querer dizer outro, do próprio significante.[53]

O fato de Lacan aproximar a leitura de um lapso da leitura de *Finnegans Wake* se justifica pelo efeito que o texto de Joyce produz no leitor, próprio às formações do inconsciente. No entanto, Samuel Beckett, primeiro a formular a tese de um escrito para não ser lido, considera que em *Finnegans Wake* temos uma fusão entre forma e conteúdo. Sua escrita não é sobre alguma coisa, é a própria coisa: "quando o sentido é dormir, as palavras dormem, quando é dançar, as palavras dançam"[54]. As dificuldades de leitura emergem da autotradução produzida pelo próprio texto, dificultando a promoção de um texto exterior para o qual fosse feita a tradução. Um texto que se autotraduz seria um texto que busca ele mesmo corrigir-se, sem jamais encontrar a interpretação correta.

Com essa perspectiva da autoleitura, podemos abordar os exemplos mencionados por Lacan de leitura do grande livro do mundo:

---

51 *Ibidem*, p. 51-52.
52 Mandil, 2003, *op. cit.*, p. 178.
53 Miller, J.-A. A interpretação pelo avesso. *Correio, Revista da Escola Brasileira de Psicanálise*, São Paulo, n. 14, p. 13, abr. 1996.
54 Beckett, S. Dante...Bruno. Vico...Joyce. In: Beckett, S. *et al. Our exagmination round his factification for incamination of work in progress*. London: Faber and Faber, 1961. p. 3-22.

[...] Vejam o vôo de uma abelha. Ela vai de flor em flor, ela coleta. O que vocês aprendem é que ela vai transportar, na ponta de suas patas, o pólen de uma flor para o pistilo de outra flor. Isto é o que vocês lêem no vôo da abelha. No vôo de um pássaro [...] vocês lêem que vai haver tempestade. Mas será que, eles, lêem? Será que a abelha lê que ela serve à reprodução das plantas fanerógamas? Será que o pássaro lê o augúrio [...] da tempestade?[55]

Se tomamos o voo da abelha ou do pássaro como escritos, nossa leitura associa a esses significantes isolados um certo significado. No discurso analítico, no entanto, a leitura também comporta a dimensão do ler-se. Por isso, Lacan pergunta se a abelha e o pássaro leem, ou sabem. A questão da autoleitura interessa ao discurso analítico, pois é o que acontece quando um sujeito faz um lapso. A leitura de um lapso deve levar em consideração que ele poderia ser o resultado de uma autoleitura do inconsciente. Seria o sujeito do inconsciente capaz de interpretar seu próprio lapso?

No lapso, o inconsciente interpreta, a seu modo, uma intenção de significação, produzindo um dizer distinto do que estava programado em um querer dizer. Voltando a *Finnegans Wake*, Ram Mandil observa que, por cancelar qualquer fixação de sentido, ele apaga toda identificação de uma intenção de significação prévia, que teria se desviado do seu caminho. A multiplicidade de leituras mantém em suspenso qualquer interpretação. Diferentemente do lapso, a autoleitura de *Finnegans Wake* jamais se cristaliza, impedindo que se perceba a distância entre o que se disse e o que se quereria dizer.[56] Assim, para Miller, um texto que joga com as relações entre a fala e a escrita, entre o som e o sentido, tecido por condensações, equívocos e homofonias, nada tem a ver com o inconsciente, porque não há ponto de basta possível: ele não se presta à interpretação, nem à tradução.[57] A leitura de *Finnegans Wake* é portanto distinta da leitura de um lapso, interpretável, em uma análise.

---

55 Lacan, 1972-1973/1985, *op. cit.*, p. 52.
56 Mandil, 2003, *op. cit.*, p. 141.
57 Miller, 1996, *op. cit.*, p. 17.

Finalizando a lição, Lacan diz que no discurso analítico supomos que o sujeito do inconsciente sabe ou pode aprender a ler. Só que o que vocês o ensinam a ler não tem absolutamente nada a ver, em caso algum, com o que vocês possam escrever a respeito. Lacan conclui com um corte entre o que se aprende a ler e o que não pode ser escrito. O sujeito do inconsciente aprende a ler justamente essa impossibilidade que jamais se escreve.

A referência de Lacan, nessa lição, à letra chinesa, nos remete a seu texto "Lituraterra"[58]. Lacan se interessa pela presença dos ideogramas chineses na língua japonesa, em que os caracteres, importados da China, podem ser lidos com duas pronúncias diferentes: como *on-yomi* – os caracteres se pronunciam distintamente como tais – e como *kun-yomi* – a maneira como se diz em japonês o que ele quer dizer, sem levar em conta a fonética. Já a leitura *on-yomi* indica um modo de ler esse mesmo ideograma pelo som, como se acreditava que os chineses o pronunciavam. Essa relação especial da língua japonesa com o escrito, sobretudo no modo *kun yomi*, indica novamente essa clivagem entre as dimensões da fala e do escrito, como se a leitura encontrasse uma referência nela mesma, e não no suporte fonético do escrito. Por essa razão, haveria, para Lacan, uma dificuldade, na língua japonesa, para uma abertura ao inconsciente, uma vez que o inconsciente supõe uma distância entre significante e significado. Como medir essa distância em uma língua na qual o significante já carrega consigo o significado?

---

[58] Lacan, J. Lituraterra. (1971) In: Lacan, J. *Outros escritos*. Rio de Janeiro: Jorge Zahar Ed., 2003. p. 24.

IV
NA TERRA DA LETRA E NAS ÁGUAS DO GOZO

LUCÍOLA MACÊDO:

Do "girar eterno da esfera estelar"

Darei início ao comentário dos dois primeiros pontos desenvolvidos por Lacan na lição IV, "O amor e o significante", seguindo o fio desta lição (que considero uma das mais belas do Seminário 20) no ponto em que ela se articula ao nosso encontro anterior. Optei por inverter a ordem dos tópicos: iniciarei pelo ponto em que Lacan interroga o universal, a revolução, o centro, e tudo aquilo que converge, na esteira do ser, para a ontologia. Como eu havia anunciado desde o encontro passado, temos nesse momento do seminário um divisor de águas em relação ao discurso filosófico, que Lacan estabelece por meio de uma objeção à ontologia, ao "uso da cópula" entre significante e significado, e a tudo o que converge para o verbo *ser*.

Para tanto, o primeiro passo será examinar a disjunção entre ser e ente, que traz em seu bojo uma segunda disjunção, entre ontológico (referido ao ser) e ôntico[1] (referido ao ente). Este último, Lacan aproximará do real, que, como se verá, em psicanálise não vai sem o dizer.

Ele começa por problematizar o que Freud, em "Uma dificuldade no caminho da psicanálise" (1917), sob os auspícios dos três golpes no narcisismo humano – o golpe cosmológico, tributário de Nicolau

---

[1] Foi Heidegger quem, no âmbito da filosofia contemporânea, formulou as diferenças entre o ente (ôntico) e o ser (ontológico). Cf. Heidegger, M. *Ser e tempo*. Petrópolis, RJ: Vozes, 1986.

Copérnico (1473-1543); o golpe biológico, perpetrado por Charles Darwin (1809-1882); o golpe psicológico, pelo qual ele mesmo assume a autoria com a invenção do inconsciente –, colocou sob a égide da revolução.

Vale lembrar que uma menção a Copérnico e ao termo "revolução" havia sido feita pouco tempo antes, em "O saber do psicanalista", no primeiro encontro deste seminário realizado no Hospital Sainte-Anne, cujas três primeiras lições, transcorridas entre o final de 1971 e o início de 1972, foram publicadas no volume *Estou falando com as paredes*, e as quatro últimas foram interpostas, respeitando a sua cronologia, no volume do Seminário 19, *...ou pior*.

Naquela ocasião, Lacan confessa a sua reserva em relação àquela construção freudiana: "Freud imaginava que o Homem ficava todo feliz por estar no centro do Universo, e se julgava Rei dele. É uma ilusão absolutamente fabulosa"[2]. E anuncia na sequência: "Freud incorreu numa falha. Achou que, contra a resistência, só havia uma coisa a fazer: a revolução"[3]. O problema é que tal revolução tende a mascarar aquilo de que se trata: uma subversão que se produz na função e na estrutura do saber quando este se articula à linguagem.

Em "Radiofonia", ele arremata: "Foi Freud quem nos revelou a incidência de um saber tal que, ao se subtrair da consciência, nem por isso deixa de se denotar estruturado como uma linguagem"[4], na medida em que somente a estrutura será propícia à emergência do real: mas, articulado a partir de onde? A partir de um ponto de falta, de "um saber que é se sabendo. O inconsciente, como se vê, é apenas um termo metafórico para designar o saber que só se sustenta ao se apresentar como impossível, para que, a partir disso, confirme-se real"[5].

Lacan não hesita em afirmar que o saber que lhe interessa encontra-se no fazer do artesão, na medida em que este é cúmplice de uma natureza em que o ponto de falta nasce ao mesmo tempo que ela, a natureza,

---

2 Lacan, J. *Estou falando com as paredes*: conversas na Capela de Sainte-Anne. Rio de Janeiro: Jorge Zahar Ed., 2011. p. 37.
3 *Ibidem*, p. 23.
4 Lacan, J. Radiofonia. (1970) In: Lacan, J. *Outros escritos*. Rio de Janeiro: Jorge Zahar Ed., 2003. p. 423.
5 *Ibidem*.

tratando-se aí de uma desnaturação, borrando todo e qualquer reconhecimento imaginário. Isso revela, ele o diz textualmente, que somente por ironia lhe ocorreria atribuir uma imagem das revoluções astrais a qualquer que seja a revolução simbólica: "o saboroso", diz Lacan, "é que a revolução copernicana serve de metáfora apropriada para além daquilo pelo qual Freud a comenta, e é nisso que... pego-a de volta"[6].

No Seminário 20: *Mais, ainda*, Lacan retoma uma vez mais a metáfora cosmológica e a menção a Johannes Kepler: o discurso da histérica ensinou a Freud "dessa outra substância que consiste inteiramente no fato de haver significante"[7]. Ao recolher o efeito do significante, ele soube fazê-lo girar esse quarto-de-volta a partir do qual se forja o discurso analítico. Mas, ainda que o giro referido por Copérnico evoque a ideia de revolução, isto não se dá naquele contexto no sentido de uma subversão, mas de um retorno ao mesmo lugar. O que o leva a concluir que a revolução copernicana não tenha sido de modo algum uma revolução, pois, diz ele, não faz a menor diferença trocar o centro de lugar, quando o que se aloja no centro "funciona redondinho, sem que se tenha que olhar pra mais nada", quando "o significante mestre permanece inalterado, na medida mesma de seu encobrimento"[8]: "é essa boa rotina que faz com que o significante guarde, no fim das contas, sempre o mesmo sentido [...] dado pelo sentimento, que cada um tem, de fazer parte do mundo, quer dizer, de sua familiazinha e de tudo o que gira ao redor"[9]. Mundo este no qual as insurreições permanecem dentro de uma concepção de mundo perfeitamente esférica.

Já a subversão, diz Lacan, "se ela existiu em algum lugar e em algum momento, não é ter-se trocado o ponto de rotação do que gira, é ter-se substituído o *isso gira* por um *isso cai*"[10], em referência a Kepler e ao foco da elipse. Girar em elipse arruína a função do centro. A partir desse ponto, Newton poderá formular a lei da gravitação universal: aí sim estaria

---

[6] *Ibidem*, p. 419-420.
[7] Lacan, J. *O seminário*, livro 20: *Mais, ainda*. (1972-1973) Texto estabelecido por Jacques-Alain Miller. Rio de Janeiro: Jorge Zahar Ed., 1985. p. 57.
[8] Lacan, 1970/2003, *op. cit.*, p. 419.
[9] Lacan, 1972-1973/1985, *op. cit.*, p. 58.
[10] *Ibidem*, p. 59.

em jogo algo digno de se chamar de subversão, uma vez que o mundo concebido como um todo e seu correlato, a ideia do eterno, ou seja, a ideia mesma de uma concepção de mundo, tomados imaginariamente, caem, e de seu depósito se extrai um escrito, uma equação, algo que é do Um e "que se acha nesse estado que podemos chamar existência"[11]. Lacan localiza justo aí a vacilação resultante da cosmologia, que consiste na admissão de um mundo impregnado da função do ser, e que no discurso analítico deve ser abandonado.[12]

Para objetar a esfera e o centro, assim como a concepção de amor que daí advém, ele recorre à escrita matemática e à teoria dos conjuntos, àquilo que fazem os matemáticos com as letras, que permite abordar o Um de outra maneira que não pela via da complementaridade, da completude, do ideal, do centro, da esfera, daquilo que se estabelece sob a égide do universal, da miragem do ser e dos seus predicados, ou seja, da ontologia.

Uma velha conta

Jacques-Alain Miller anuncia, já na primeira linha da lição de 9 de março de 2011 do curso *L'Un-tout-seul*, que aquela seria a ocasião de saldar uma velha conta com Lacan, que lhe acompanha desde os seus 20 anos: algo que lhe acarretou certo desprazer e que não teve a ocasião de abordar com ele. Ele já havia mencionado o mesmo episódio duas décadas após o ocorrido, em entrevista concedida em 1985 a François Ansermet, publicada em francês com o título "Entretien sur le Séminaire"[13].

O episódio transcorreu em 22 de janeiro de 1964 por ocasião da segunda lição do Seminário 11 (naquela data, a sessão de perguntas e respostas não foi transcrita). Foi a primeira vez que Miller interpelou Lacan em público, dizendo-lhe que para ele e seus colegas da Escola Normal ele era não um mago (essa era a sua fama por aquelas bandas), e sim um teórico rigoroso, para em seguida lhe interrogar sobre a *sua* (e não sobre a) ontologia.

---

11 *Ibidem*, p. 60.
12 *Ibidem*.
13 Miller, J.-A. *El establecimiento de "El Seminario" de Jacques Lacan*. Buenos Aires: Tres Haches, 1999. p. 15-16.

Na lição seguinte, Lacan lhe responde:

> A semana passada, minha introdução do inconsciente pela estrutura de uma hiância ofereceu a ocasião a um de meus ouvintes, Jacques-Alain Miller, para um excelente traçado do que, nos meus escritos precedentes, ele reconheceu como a função estruturante de uma falta, [...] falando da função do desejo, como falta-a-ser.
> Tendo realizado essa sinopse [...], ele me interrogou sobre *minha ontologia*.
> Não lhe pude responder [...] e ficou combinado que eu obtivesse dele, antes de mais nada, a precisão daquilo com que ele cerca o termo ontologia. Entretanto, que ele não pense que eu de modo algum achei a questão inapropriada. [...] Ele bateu particularmente em cheio, no sentido de que é mesmo de uma função ontológica que se trata nessa hiância, pelo que acreditei dever introduzir, como lhe sendo a mais essencial, a função do inconsciente.[14]

Lacan agrega que a hiância do inconsciente não é ontológica, mas *pré-ontológica*: "[...] a primeira emergência do inconsciente, que é de não se prestar à ontologia [...] é que ele [o inconsciente] não é nem ser nem não-ser, mas é algo de não-realizado"[15].

> O próprio Lacan evoca o episódio, passados alguns anos, em "Radiofonia":
> [...] no primeiro dia em que ali ocupei um lugar [na École Normale Supérieure], fui interpelado sobre *o ser* que eu atribuía a tudo isso. Donde declinei ter que sustentar minha visão de qualquer ontologia.
> [...]
> Engolido agora todo o onto responderei, e não por rodeios nem com uma floresta que esconda a árvore.
> Minha prova só toca no ser ao fazê-lo nascer da falha que o ente produz *ao se dizer*.[16]

---

14 Lacan, J. *O seminário*, livro 11: *Os quatro conceitos fundamentais da psicanálise*. (1964) Texto estabelecido por Jacques-Alain Miller. Rio de Janeiro: Jorge Zahar Ed., 1985. p. 33. Grifo nosso.
15 *Ibidem*, p. 33-34.
16 Lacan, 1970/2003, *op. cit.*, p. 424-425. Grifo nosso.

Voltando ao curso proferido mais de quatro décadas após a ocorrência do famigerado episódio, Miller revela o que o havia agastado: "*É que não fui eu quem trouxe o termo ontologia*"[17]. Sua lembrança era precisa, de haver já topado não apenas com o que Lacan chamava falta-a-ser, mas também, em "A direção do tratamento e os princípios de seu poder", com a expressão "falta ontológica", tendo sido justamente por ter encontrado tanto à época, quanto hoje, o termo ontologia deslocado do assunto, que o interrogou e, de modo polido, o instigou sobre o *seu uso* do termo ontologia. Depois de tudo, foi ele, Miller, "condecorado" com o termo, logo ele que o havia interrogado sobre o mesmo. Ademais o aborrecimento que a situação lhe causara, em 1970 (em "Radiofonia"), Lacan lhe responde sobre algo que ele havia interrogado em 1964 – e que Miller novamente retoma, para um acerto de contas, em 2011! Tudo isto para anunciar o seu veredito, a saber, que "Lacan teve um problema com a ontologia"[18] e que não se trata, por nada, de um problema secundário.

Subversões millerianas

A impressão que tive ao cotejar *Mais, ainda* com "Radiofonia" e com o curso de Jacques-Alain Miller de 2011, *L'Un-tout-seul*, é de que este curso consistiu, desde a primeira até a última linha, num tenaz exercício de elucidação – talvez movido ainda pelo que restou do antigo aborrecimento – quanto ao problema da ontologia no ensino de Lacan. Ele situa as suas coordenadas, localiza diferentes escansões, uma das quais tem no Seminário 20 um momento crucial, e vai além, iluminando e formalizando a doutrina do Um e a virada em direção ao real no chamado 'último ensino' de Lacan.

Para Miller, a questão central que aí se declina é aquela do tensionamento formulado nos termos de uma oposição entre a ontologia (como doutrina do ser e da predicação) e o ôntico (referido ao ente, ao existente), que se define, *grosso modo*, como 'aquilo que é', sem predicado, categoria

---

[17] Miller, J.-A. *L'Un-tout-seul*. Curso de orientação lacaniana. Lição de 09/03/2011. (Inédito)
[18] *Ibidem*.

indispensável para se pensar o real, que só se libera "sob a condição de cingir e limitar a função predicativa do ser"[19]. Uso predicativo do verbo ser: "Sócrates é homem", "A rosa é vermelha"; uso existencial: "Sócrates é", "A rosa é" (existe).

A dificuldade é redobrada na medida em que o psicanalista, diferentemente do matemático, tem de se haver com o que se move e se comove por meio da fala. A pulsão é fala, e ainda que sua exigência se dê silenciosamente, ainda assim está referida ao campo da linguagem.[20] Nesse momento de seu ensino, prevalece um paralelismo entre pulsão e fala, entre o sujeito do inconsciente e o Isso (*Es*): "Isso fala"!

Só num segundo momento, Lacan irá postular uma cisão entre o inconsciente e o Isso, o que o permitirá colocar o acento na primazia do gozo, no "Isso goza", ao mesmo tempo que formaliza um novo estatuto do significante: o significante separado de sua significação.

A partir do momento em que o inconsciente e o isso não mais se confundem, Lacan passa a se ocupar da questão de como a linguagem poderá operar sobre o gozo. O significante não terá apenas efeito de sentido, mas também efeito de gozo. Ao mesmo tempo, o corpo, dotado de um novo estatuto, torna-se suporte de gozo. O objeto *a*, por sua vez, será aquilo que do gozo é cingido pelo significante, que supõe que o aparelho lógico posto em marcha em uma análise se apodere do dito a fim de agarrá-lo, cingi-lo, comprimi-lo, manipulá-lo, até que daí se extraia o real da linguagem: "Esse real, que está no nível da existência, é o significante Um [...] o significante como real [...] Evidentemente isso contrasta com a abundante floresta da ontologia. Aqui estamos no austero registro da henologia."[21]

---

19 *Ibidem*.
20 Lacan, J. Subversão do sujeito e dialética do desejo no inconsciente freudiano. (1960) In: Lacan, J. *Escritos*. Rio de Janeiro: Jorge Zahar Ed., 1998. p. 831.
21 Miller, *L'Un-tout-seul*. Lição de 16/03/2011, VI. O termo "henologia" foi introduzido e formalizado pelo filósofo Étienne Gilson (1960). É o estudo do conceito de unidade, denotando um princípio supremo e absolutamente transcendente. Embora o assunto já estivesse emergindo desde os pré-socráticos, tem sua origem como um sistema no diálogo platônico *Parmênides*. Refere-se à disciplina que se centra em torno do Um, em especial nas filosofias de Platão e Plotino, em oposição às disciplinas que têm o Ser como ponto de partida (como em Aristóteles).

A henologia encontra seu fundamento no neoplatonismo que, depois do *Parmênides* de Platão, tem como expoente o emanacionismo de Plotino. Na henologia lacaniana o ser depende do discurso, reduzido ao seu núcleo, ao significante Um, como real. O Um, na acepção do real lacaniano, é o Um sozinho, o Um sem Outro. É para isto que Lacan aponta ao afirmar, em *Mais, ainda*, "que o Outro não se adiciona ao Um"[22], mas se diferencia dele. O Um sozinho nada tem a ver com o um da sequência numérica. É prévio aos números. Lacan o designa também sob a rubrica do *Um-dizer*. Antes do ser, há a linguagem; nesse sentido, o ser é uma criação da linguagem.[23]

Daí em diante, o gozo já não é formulado como uma significação, e nem o sintoma como um efeito de sentido, mas como um acontecimento de corpo, o que implicará no uso do significante matemático, e a partir deste, do significante enquanto letra, a fim de fisgar alguma coisa da linguagem capaz de cingir o real do gozo, no corpo.

Tendo chegado a este ponto, Lacan procederá uma disjunção entre o que é do campo dos semblantes, que dá suporte ao ser, e o que é do campo do real, cujo modelo é o da formalização matemática, forjado a partir da cisão entre o ser e a existência, ou seja, entre o ser e o Um. Lacan o faz a partir do significante Um como um modo de existência em que as coisas não se definem por suas propriedades e atributos. É este o caminho traçado por Lacan no Seminário 20 ao renunciar à referência ao ser e à ontologia, para a partir de então, com o recurso à topologia e ao nó borromeano, privilegiar uma "ôntica do gozo"[24], vociferada na jaculatória: Há Um (*Y a d'l'Un*).

ELISA ALVARENGA:

Lituraterra

Para Lacan, seguir o fio do discurso analítico tende a refraturar, marcar com uma curvatura própria ao falasser, aquilo que produz a falha, a

---

22 Lacan, 1972-1973/1985, *op. cit.*, p. 174.
23 Miller, *L'Un-tout-seul*. Lição de 15/06/2011. (Inédito)
24 Miller, *L'Un-tout-seul*. Lição de 09/03/2011. (Inédito)

descontinuidade: nosso recurso é, em lalíngua, o que a fratura. O horizonte do discurso analítico é constituído pelo emprego que se faz da letra em matemática. A letra revela, por escrito, do discurso, o que chamamos de gramática, o conjunto de regras que indicam o uso mais correto de uma língua. A palavra *gramma*, de origem grega, significa letra.

O que Lacan chama aqui de fraturar, ou refraturar, lalíngua? Minha hipótese é que, no banho de lalíngua em que nasce o falasser, um significante marca o corpo de maneira contingente, fazendo furo no corpo, desde então atravessado pela pulsão. A letra é um S_1 que se destaca e marca a borda do inconsciente real, marca recoberta pelas identificações e fantasias que o sujeito constrói sobre essa marca primeira. O discurso analítico, ao fazer o caminho inverso à constituição do sujeito, parte das identificações e fantasias de cada um, fraturando-as em direção a essa marca primeira, letra que faz borda, litoral, entre a linguagem e o gozo. Por isso buscamos a letra, marca sem sentido, que se escreve no corpo do falasser.[25] A letra é capaz de fazer surgir, não a transcrição da palavra, o que se imprime, mas o que se diz entre as linhas, funciona como equívoco, perturba o discurso.

Temos aqui uma boa ocasião para retomar a questão colocada da última vez sobre a diferença entre a letra e o significante. Como aponta Éric Laurent[26], em "Lituraterra" Lacan expõe sua concepção da letra, comparando-a com outras que contaram para ele. E sublinha a originalidade do conto de Edgar Allan Poe, "A carta roubada", cujo comentário abre seus *Escritos*, opondo a materialidade da letra e a mensagem que ela carrega. A letra não participa da história contada e seu circuito produz efeitos separados de qualquer mensagem.

Assim, a letra escreve apenas o furo que ela opera na fala que a precede e o saber que se deposita quando os tropeços da fala são recolhidos, seriados, em uma análise. A letra, no singular, designa a borda do furo no saber,[27] furo que é a consequência das rateadas produzidas quando um ser vivo faz uso da linguagem.

---

25 Bayón, P. A. *El autismo entre lalengua y la letra*. Buenos Aires: Paidós, 2020. p. 85-86.
26 Laurent, É. Une vision du ruissellement de l'Un. *La Cause du Désir*, Paris, n. 107, p. 62, 2021.
27 Lacan, J. Lituraterra, (1971) In: Lacan, J. *Outros escritos*. Rio de Janeiro: Jorge Zahar Ed.,

Em "Lituraterra", a heterogeneidade entre duas ordens – o Um da letra e o fluxo da cadeia significante – é máxima. Para fazer escutar a tensão entre a ordem da letra e do significante, Lacan traz um apólogo que parte de sua experiência japonesa de afetação da língua pela escrita. Sob a forma da caligrafia, ele mostra uma operação de separação, de travessia da experiência estética para levá-la até seu núcleo real.[28]

Durante sua viagem de retorno do Japão, sobrevoando a planície siberiana, o escoamento dos grandes rios sobre a planície deserta lhe aparece, surgindo entre as nuvens, como uma grande escrita cursiva. Esse escoamento entre as nuvens vem fazer eco ao esquema que apresentava Saussure de outros tipos de fluxo representados entre as nuvens. Lacan falou deles no Seminário 3, *As psicoses*, ao estabelecer o ponto de basta no escoamento fundamental do fluxo do significado sob o fluxo do significante.[29]

No riscado sobre a terra, lituraterra, o traço da escrita não é ponto de basta, mas liga dois registros distintos. Lacan se afasta de qualquer uso do traço como notação de uma coisa. Ao longo do seu Seminário 9, *A identificação*, faz do traço do Um um signo isolado, operando um desvio pela pré-história e os entalhes sobre os ossos trabalhados pelos caçadores magdalenianos.[30] Ele opõe o traço e as coisas do mundo que ele vem marcar, apagando a relação do signo à coisa.

No Seminário 9, Lacan fala de significante e não de letra, mas o processo de isolamento do Um do significante, separado de toda significação, nos permite compreender o apagamento da significação para somente designar o traço da experiência de gozo em que o sujeito se apagou. Uma pura barra designa uma margem, um litoral entre a terra da letra e as águas do gozo, produto do inconsciente como traço e, portanto, como saber.[31]

A letra se deposita, se inscreve como riscado sobre o corpo do sujeito que fala, o falasser na experiência de gozo. Em um segundo tempo, a escrita, ravina, sobe às nuvens do Outro para, no lugar da bateria significante,

---

1998. p. 18.
28 Laurent, 2021, *op. cit.*, p. 63.
29 Lacan, J. *O seminário, livro 3: As psicoses*. (1955-1956) Texto estabelecido por Jacques-Alain Miller. Rio de Janeiro: Jorge Zahar Ed., 1985. p. 195.
30 O período Magdaleniano (entre 14.500 e 12.000 a.C.) faz parte do Paleolítico Superior.
31 Laurent, 2021, *op. cit.*, p. 64-65.

fazer um lugar para si e perturbá-la, por um forçamento que lhe é próprio. A escrita inclui o efeito de gozo e depois de se depositar, a letra tenta se nomear, deslocando os sistemas de nomes anteriores. A letra perturba, empurra a regularidade do que se deposita da fala, violando os acordos gramaticais. É assim que a letra se torna fundamental para a leitura dos equívocos e, portanto, para a interpretação analítica.[32]

No discurso analítico, diante do dizer de um outro que nos conta suas besteiras, embaraços, impedimentos e emoções, trata-se de ler os efeitos dos dizeres que agitam os seres falantes e que servem para dar vida ao amor, para que isso chegue à reprodução dos corpos. Mas, há um outro efeito da linguagem que é a escrita.[33]

Letra

Lacan se refere aos sítios arqueológicos onde foi buscar o entalhe sobre a pedra para explicar o traço unário, mas, olhando mais de perto o que fazem os matemáticos com as letras na teoria dos conjuntos, ele passou a abordar o Um de outra maneira, não intuitiva, fusiva ou amorosa. A ideia do amor como "nós dois somos um só" é "a maneira mais grosseira de dar à relação sexual [...] que manifestamente escapa, o seu significado"[34]. Freud rompeu caminhos ao perceber que, se o amor tem relação com o Um, não faz ninguém sair de si mesmo. Se é isso a função do amor narcísico, pergunta Lacan, como é que pode haver amor por um outro?

Desse Um que cada um acredita ser, a teoria dos conjuntos fala como coisas que não têm entre si nenhuma relação. Ela permite ajuntar coisas absolutamente heteróclitas, designando esse ajuntamento por uma letra. Nicolas Bourbaki é o pseudônimo sob o qual um grupo de matemáticos, que tinha seu gabinete na École Normale Supérieure, escreveu livros de matemática moderna, a partir de 1935, com o objetivo de fundamentar toda a matemática na teoria dos conjuntos, lutando por mais rigor e simplicidade. Para Lacan, as letras não designam, mas

---

32 Ibidem, p. 68-69.
33 Lacan, 1972-1973/1985, op. cit., p. 63.
34 Ibidem, p. 64.

constituem, funcionam como esses ajuntamentos. O inconsciente é estruturado como os ajuntamentos de que se trata na teoria dos conjuntos, como sendo letras.[35]

Trata-se então de tomar a linguagem como suplência da relação que não se escreve – a relação entre os sexos. No jogo da escrita matemática Lacan encontra o ponto de orientação para tirar dessa prática, desse laço social novo que é o discurso analítico, efeitos medianos e suportáveis, para que esse discurso possa suportar e completar os outros discursos.

O discurso universitário, ironiza Lacan, deveria ser escrito univercitério, pois devendo expandir a educação sexual, conduziria todos unidos para o universo de Citera, ilha grega onde teria nascido Afrodite, deusa do amor. Que do S_2 como agente do discurso possa difundir-se algo que melhore a relação entre os sexos, faz sorrir um analista. A educação sexual não parece a Lacan uma promessa de bons encontros ou felicidade.[36]

Lacan evoca seu texto "O tempo lógico e a asserção de certeza antecipada", para olhar mais de perto o que suporta cada um dos sujeitos no pensamento dos dois outros: cada um intervém a título de objeto a que ele é sob o olhar dos outros. Três prisioneiros levam nas costas um disco e o que descobrir primeiro a cor do seu disco, ganha a liberdade. A verdade depende, para todos, do rigor de cada um, mas só se atinge através dos outros.[37] Eles sabem que há três discos brancos e dois pretos e, olhando o disco nas costas dos companheiros, devem deduzir a cor do seu disco. Eles são três, diz Lacan, mas na verdade são dois mais a, que se reduz a Um mais a. Lacan usou estas funções para representar o inadequado da relação de Um a Outro dando como suporte a esse a minúsculo o número irracional dito número de ouro. Na medida em que, pelo a minúsculo, os outros dois são tomados como Um mais a, funciona o que pode dar com uma saída na pressa. Essa identificação numa articulação ternária funda-se no fato de que dois não podem se aguentar como suporte. Entre dois há sempre Um e Outro, o Um e o a minúsculo.

---

35 *Ibidem*, p. 65.
36 *Ibidem*, p. 66-67.
37 Lacan, J. O tempo lógico e a asserção de certeza antecipada. (1945) In: Lacan, J. *Escritos*. Rio de Janeiro: Jorge Zahar Ed., 1998. p. 211-212.

O número de ouro

No Seminário 15, *L'acte psychanalytique*, Lacan afirma que não há realização subjetiva possível do sujeito como parceiro sexuado no que se imagina como unificação no ato sexual.[38] Ele tentou apreender essa incomensurabilidade do sujeito no Seminário 14, *La logique du fantasme*, utilizando-se do número de ouro. Ele simboliza sob este número a relação do pequeno *a* ao 1 para imajar a relação do sujeito ao sexo e representar o que aparece como realização subjetiva no final da tarefa analítica.[39]

Neste Seminário, Lacan evoca o número de ouro para falar da satisfação encontrada pelo sujeito no ato sexual e na sublimação, introduzindo o ato analítico como algo a ser aí distinguido. Trata-se da tentativa de fazer uma "topologia do gozo".

O número de ouro, relação de proporção 8/5 = 5/3 – ou seja, relação entre dois termos consecutivos da série de Fibonacci, na qual cada elemento é igual à soma dos dois precedentes –, é um número algébrico[40] incomensurável obtido dividindo-se um comprimento em duas partes desiguais tais que a relação entre a menor e a maior seja igual à relação entre esta última e o comprimento total. É a proporção que Kepler chamou de *Sectio divina* e Leonardo da Vinci de *Sectio aurea*, cujo valor numérico é de 1,61803398875... Embora incomensurável, esta proporção serve de critério de avaliação estética em poesia.

Lacan introduz este número de ouro em *La logique du fantasme* como relação entre A e *a*:

$$\frac{A}{a} = \frac{A+a}{A}$$

---

38 Lacan, J. *Le séminaire*, livre XV: *L'acte psychanalytique*. (1967-1968) Texte établi par Jacques-Alain Miller. Lição de 17/01/1968. (Inédito)
39 Cf. Lacan, J. *Le séminaire*, livre XIV: *La logique du fantasme*. (1966-1967) Texte établi par Jacques-Alain Miller. Paris: Éditions du Seuil & Le Champ freudien, 2023. Chap. XIV: Sur la valeur de jouissance, p. 278, 283.
40 A álgebra é definida pelo *Dicionário Aurélio* como a "parte da matemática que estuda as leis e processos formais de operações com entidades abstratas".

Lacan dá o valor 1 a A para representar a ideia de totalidade de um Outro não barrado. Como o número de ouro é igual a A/a, ele é igual a 1/a, o que implica que seu valor é o inverso do valor do objeto pequeno a. Assim, o valor de cada um dos segmentos é:

$$a = 0{,}618, \; A = 1 \; \text{e} \; A+a = 1{,}618.$$

A fórmula 1-a é o que ele propõe para a satisfação encontrada na sublimação, assim como no ato sexual, na medida em que falta alguma coisa nesta satisfação em relação a um hipotético gozo do Outro como Um, como totalidade. O que falta à realização da unidade, da totalidade, é o objeto a. A-a ou 1-a representa essa satisfação que sempre deixa a desejar. O objeto não pode ser integrado ao gozo do Um.

Finalmente, Lacan falará da diferença entre o ato analítico e o ato sexual. O ato analítico é o contrário do ato sexual na medida em que introduz o sexual sob a forma de um conjunto vazio.[41]

Do Um ao Outro

Lacan termina essa lição do Seminário 20 diferenciando o signo do significante. Se um significante representa um sujeito para outro significante, um signo seria um perceptível que responde por um imperceptível.[42] Autor do verbete "Signo e significante" no *Scilicet Semblantes e sinthoma*, Marcus André Vieira aponta, com Jacques-Alain Miller, que, no momento em que fabrica seus discursos, Lacan traz de volta a referência ao signo. Retoma e retorce a definição de Peirce – um signo é o que representa alguma coisa para alguém –, afastando-a radicalmente da teoria clássica da representação.

Partindo de "onde há fumaça, há fogo", Lacan se refere ao sujeito em questão como o Ninguém da história de Ulisses com o ciclope[43], indicando que ele pode ser vazio, mas não sem corpo. Laurent e Miller

---

41 Lacan, 1966-1967, *op. cit.*, chap. XII: Satisfaction sexuelle et sublimation, p. 342-348.
42 Cf. Vieira, M. A. Signo e significante. *Scilicet Semblantes e sinthoma*. São Paulo: EBP, 2009. p. 336-339.
43 Lacan, 1970/2003, *op. cit.*, p. 412.

nos propõem a função do signo como correlata à do gozo[44]: é para isso que Lacan aponta quando afirma que a fumaça, em última instância, é sinal do "fazedor de fogo", figura de um gozo fora da estrutura. Ainda mais eloquente é a articulação empreendida por Lacan entre a fumaça e o fumante: a fumaça é signo do gozo do fumante, personagem que assume o lugar de algo que permanece insensível às ofertas de inclusão na estrutura. Os signos são traços que se repetem, não remetem a outros, apenas se depositam, interrompendo a sequência da fala.

Então, conclui Lacan, o signo não é de alguma coisa, mas de um efeito de um funcionamento do significante, que é o sujeito. O sujeito é efeito do significante e desliza numa cadeia de significantes. O significante separado dos seus efeitos de significado é o suporte pelo qual se introduz no mundo o Um, signo de gozo.

No amor, o que se visa é o sujeito suposto a uma frase articulada a algo que se ordena por uma vida inteira, uma história. Um sujeito não tem grande coisa a fazer com o gozo, mas seu signo, sua presença, é suscetível de provocar o desejo. Aí está a mola do amor. Lacan pretende mostrar onde se reencontram o amor e o gozo sexual, pois do Seminário 10, *A angústia*, recordamos o aforismo: "só o amor permite ao gozo condescender ao desejo"[45]. No entanto, desde o Seminário 11, Lacan aborda as relações entre o objeto de amor e o objeto de desejo. Considerando a função do amor, de estrutura fundamentalmente narcísica, "toda a questão é saber como o objeto de amor pode vir a preencher um papel análogo ao objeto do desejo – sobre que equívocos repousa a possibilidade para o objeto de amor se tornar objeto de desejo"[46], que o sujeito vai buscar no Outro.

No Seminário 20, porém, Lacan não está às voltas com o desejo do Outro, mas com o gozo. E com a fala que não se dirige ao Outro, mas serve para gozar. O resultado dessa mudança de axiomática é que se passa da problemática do Outro à do Um sozinho, onde o significante

---

44 Miller, J.-A. *El Outro que no existe y sus comités de ética*. Seminario en collaboración con Éric Laurent. (1998) Buenos Aires: Paidós, 2005. p. 239.
45 Lacan, J. *O seminário*, livro 10: *A angústia*. (1962-1963) Texto estabelecido por Jacques-Alain Miller. Rio de Janeiro: Jorge Zahar Ed., 2005. p. 197.
46 Lacan, 1964/1985, *op. cit.*, p. 174-176.

não tem função de mensagem, mas de gozo. Há Um torna problemático e mesmo misterioso o Outro. Nesta nova axiomática, o prévio não é o Outro, mas o gozo, o Um.[47]

Para Miller, diferentemente do desejo do Outro, o gozo do Outro não existe e só pode existir através das palavras de amor, que fazem crer que se pode gozar do Outro e não apenas gozar-se. Trata-se de saber como o gozo encontra o Outro, como encontra o simbólico. O nó borromeano serve para apresentar-nos um simbólico sem Outro, fora da comunicação. Para a nova perspectiva do ensino de Lacan, o simbólico está separado do Outro da comunicação e referido a lalíngua, ao enxame de S_1. O ato analítico, introduzindo o sujeito suposto saber, tenta fazer esse Um se representar no campo do Outro, mas para isso será preciso o amor.[48]

Lalíngua só se ordena se, extraindo um significante do enxame de S_1, marca a borda de um furo e um significante pode assumir o valor de outro, de ser dois. Para ir do um ao Outro, é necessário ir do gozo ao sintoma. Nessa passagem, é fundamental diferenciar dois estatutos ou modos de funcionamento do S_1: lalíngua e a letra, diz Patricio Álvarez Bayón.[49]

Lalíngua, a letra e a linguagem, a série, o Um e o dois se constituem segundo três tempos lógicos:

1. lalíngua como enxame de S_1;
2. de lalíngua se extrai um S_1 que não é qualquer;
3. com isso se elucubra o saber, tempo da linguagem.

Se lalíngua é o impacto, a entrada do gozo no corpo, a letra localiza esse gozo, é sua marca. A letra é o recorte de um modo singular de gozo. Sua característica central é ser equívoca, não permanece ligada de modo fixo a tal ou qual cadeia significante. A letra é um S_1 como gozo opaco que rechaça o sentido e se inscreve como sintoma, que inicia a série de repetições na lógica do necessário. Assim, o Um da linguagem se articula ao dois na cadeia significante, na elucubração de saber.

---

47 Miller, J.-A. *Los signos del goce*. (1986-1987) Buenos Aires: Paidós, 1998. p. 343.
48 *Ibidem*, p. 345-346.
49 Bayón, 2020, *op. cit.*, p. 95.

V

Algo novo no amor

ELISA ALVARENGA:

Um amor para além da castração

A lição V do Seminário 20, "Aristóteles e Freud: a outra satisfação", explicita uma mudança extrema, até subversiva, no "Lacan clássico", comentada por Jacques-Alain Miller no curso *La fuga del sentido*[1], sobre "a linguagem como aparelho de gozo". Dois anos depois, no curso *El partenaire-síntoma*, Miller vai destrinchar, de maneira detalhada e instigante, a primeira frase desta lição – "Todas as necessidades do ser falante estão contaminadas pelo fato de estarem implicadas com uma outra satisfação [...] à qual elas podem faltar."[2]. Esta leitura nos permitirá explicitar uma mudança de perspectiva de Lacan em relação ao amor, nos anos 70, sua articulação com o gozo e uma nova maneira de pensar o Outro. Pois, se a linguagem está articulada ao gozo, desde o Seminário 17, também o Outro deixa de ser apenas o tesouro dos significantes e passa a encarnar-se no corpo.[3]

Vou me servir aqui de algumas lições do curso de Miller *El partenaire-síntoma*[4], começando pela lição intitulada "Revalorización del amor".

---

1 Miller, J.-A. Monólogo de la apalabra. (1996) In: Miller, J.-A. *La fuga del sentido*. Buenos Aires: Paidós, 2012. p. 139-159.
2 Lacan, J. *O seminário*, livro 20: *Mais, ainda*. (1972-1973) Texto estabelecido por Jacques-Alain Miller. Rio de Janeiro: Jorge Zahar Ed., 1985. p. 70.
3 Lacan, J. *O seminário*, livro 17: *O avesso da psicanálise*. (1969-1970) Texto estabelecido por Jacques-Alain Miller. Rio de Janeiro: Jorge Zahar Ed., 1992. p. 62: "O que é que tem um corpo e não existe? Resposta - o grande Outro".
4 Miller, J.-A. *El partenaire-síntoma*. (1997-1998) Buenos Aires: Paidós, 2008. Lições VII, VIII, IX, X e XI, p. 147-251.

Nela, Pierre-Giles Guéguen[5] aborda o que seria "a outra satisfação", lembrando-nos que, para Freud, haveria uma satisfação que seria a boa, aquela que a criança poderia encontrar junto à mãe. O problema é que esta satisfação está proibida, fundamentalmente ligada ao objeto perdido, o que Lacan escreve com a metáfora paterna, cujo resultado é a significação fálica. Talvez por isso possamos articular, como faz Lacan no Seminário 23[6] e Miller na conferência "O inconsciente e o corpo falante"[7], o gozo da fala ao falo. Voltaremos a esse ponto, pois na lição VI do Seminário 20 Lacan já evoca essa articulação da fala ao gozo fálico.[8]

Se no "Lacan clássico" a linguagem é o que vem fazer barreira ao gozo, nos anos 70 a própria linguagem está infiltrada pelo gozo do blá-blá-blá. Se a linguagem era o meio para mortificar o gozo, ela se torna ela mesma um aparelho de gozo.

O amor, retomado por Lacan a Freud, fundamentalmente narcísico, será posteriormente ligado à castração – amar é dar o que não se tem –, aquilo que permite ao gozo condescender ao desejo.[9] Porém, no Seminário 20, o amor não permitiria alojar o objeto *a* para o homem e um Outro gozo, para a mulher, para além de suas relações com a castração?

Outra satisfação

Nesta lição V de *Mais, ainda*, Lacan está às voltas com esta frase, inicialmente, enigmática, sobre a outra satisfação: "Todas as necessidades do ser falante estão contaminadas pelo fato de estarem implicadas com uma outra satisfação [...] à qual elas podem faltar."[10]. Lacan opõe uma outra satisfação às necessidades e nos diz que devemos entendê-la como

---

5 Cf. Miller, J.-A. Revalorización del amor. In: Miller, 1997-1998/2008, *op. cit.*, p. 149.
6 Lacan, J. *O seminário*, livro 23: *O sinthoma*. (1975-1976) Texto estabelecido por Jacques-Alain Miller. Rio de Janeiro: Jorge Zahar Ed., 2007. p. 16.
7 Miller, J.-A. O inconsciente e o corpo falante. *Scilicet - O corpo falante*. São Paulo: EBP, 2016, p. 30.
8 Lacan, 1972-1973/1985, *op. cit.*, p. 87.
9 Lacan, J. *O seminário*, livro 10: *A angústia*. (1962-1963) Texto estabelecido por Jacques-Alain Miller. Rio de Janeiro: Jorge Zahar Ed., 2005. p. 197.
10 Lacan, 1972-1973/1985, *op. cit.*, p. 70.

o que se satisfaz no nível do inconsciente. E se dedica a elucidar o gozo de que depende essa outra satisfação, que se baseia na linguagem.

A outra satisfação, à qual os humanos são convocados, mas à qual podem faltar, só pode ser apontada através dos desfiladeiros do significante, pelo rodeio da linguagem. Esta satisfação, que faz falta que não haja, a da linguagem, da mesma forma que fazia falta que não houvesse a satisfação que se poderia obter junto à mãe, é preciso passar por aí para desembaraçar-se dela, ou para fixá-la, diz Miller.[11]

Todas as necessidades do ser falante estão contaminadas pelo fato de ter que passar pela demanda e dependem da resposta do Outro, que também vale como uma satisfação, independente do dom da substância que satisfaz a necessidade. Essa resposta é um significante, e no Seminário 20 Lacan diz que essa resposta é um signo de amor.[12]

Todas as necessidades do ser falante estão contaminadas por sua implicação na demanda de amor. No entanto, observa Miller, a perspectiva do Seminário 20, não tocada pelo Seminário 7, é a de uma pulsão profundamente autoerótica. A boca que se beija a si mesma, expressão freudiana, não é a boca que fala, que demanda, mas que tem uma espécie de objeto interno. O objeto da pulsão é como um vazio que pode ser encarnado por diferentes objetos do mundo.[13]

O autoerotismo da pulsão leva Lacan a colocar a questão da função do amor como aquilo que se introduz para estabelecer a conexão com o Outro. Como o gozo pulsional pode ser descompletado, carecer de algo, para ver-se embarcado nos assuntos do desejo? O objeto *a* como causa do desejo tenta traduzir esse deslocamento pulsional. E no Seminário 20, o amor supre a ausência de relação sexual. Não há relação sexual é o correlato do autoerotismo da pulsão, e o amor tem uma função destacada na sexualidade feminina que vai além dos objetos da pulsão.[14]

Não é mais necessária, aqui, a figura de um agente da castração: a não relação sexual é a realização, no real, da não relação semântica

---

11 Miller, 1997-1998/2008, *op. cit.*, p. 150.
12 *Ibidem*, p. 153.
13 *Ibidem*, p. 156.
14 *Ibidem*, p. 158.

entre significante e significado. A pulsão não quer dizer, quer gozar. Um significante pode querer dizer qualquer coisa, e a única coisa que pode limitar sua leitura é o discurso ao qual nos referimos. Assim, o isolamento do gozo radicaliza a exigência do laço social como forma típica da relação com o Outro.[15] Por isso, Lacan diz: "[...], há apenas isto, o liame social. Eu o designo com o termo *discurso* [...] o liame social só se instaura [...] e se imprime, se situa sobre aquilo que formiga, isto é, o ser falante"[16].

Para Miller, todo o esforço do Seminário 20 é considerar o que trouxe Freud e o que trouxe Aristóteles para a clínica, levando em conta a diferença entre os sexos e a diferença dos gozos conforme o sexo. Nesse movimento, assistimos a uma revalorização do amor, que retoma o que Freud diz em "Inibição, sintoma e angústia": do lado feminino, a castração pode tomar a figura da perda de amor. Assim, do lado feminino, o gozo está intrinsecamente ligado ao amor do Outro.[17]

Se o gozo feminino tem relação com o Outro sob a forma de S(A̸), o homem em seu gozo tem relação com o objeto pulsional. O ato de amor do lado do macho é sua perversão polimorfa, diz Lacan.[18] O homem permanece ligado ao autoerotismo, ou faz do Outro um objeto *a* para a satisfação pulsional. O gozo feminino, por sua vez, está enganchado ao Outro: é mais independente da exigência pulsional, mas a demanda de amor se torna mais insistente.

No Seminário 20, o gozo já não é este bloco maléfico localizado em *das Ding* no Seminário 7, *A ética da psicanálise*, em um recinto fechado, mas está em todas as partes. O Outro do significante, do simbólico, é o que produz o gozo do blá-blá-blá.

---

15 Miller, J.-A. Relación con el Otro. In: Miller, J.-A. *La fuga del sentido*. Buenos Aires: Paidós, 2012. p. 198.
16 Lacan, 1972-1973/1985, *op. cit.*, p. 74. Grifo do autor.
17 Miller, 1997-1998/2008, *op. cit.*, p. 159.
18 Lacan, 1972-1973/1985, *op. cit.*, p. 98.

A linguagem como aparelho de gozo

Sabemos que Lacan, nos primeiros anos do seu ensino, logifica o Édipo freudiano através da metáfora paterna. Nos anos 60, além de pluralizar o Nome-do-Pai, Lacan mostra que é a estrutura mesma da linguagem que tem efeitos sobre o gozo, mortificando-o e levando-o a se refugiar nas zonas erógenas. Depois de introduzir os discursos e dizer que a verdade é irmã do gozo,[19] Lacan introduz a linguagem como aparelho de gozo.[20]

O gozo não é mais assunto de resto, mas está para todo lado. Daí a frase: todas as necessidades do ser falante estão contaminadas pelo fato de estarem implicadas em outra satisfação. A expressão 'outra satisfação' é ambígua: refere-se a outra satisfação do que aquela das necessidades, mas também uma satisfação diferente daquela que seria própria à relação sexual.

O termo 'ser falante' adquire aqui toda a sua importância, distinguindo-se do sujeito, $, correlato da linguagem como esvaziador de gozo. O termo 'sujeito' está ligado à linguagem como desvitalizante e não como aparelho de gozo. O ser falante torna-se, a partir de então, o centro da atenção de Lacan, pois ele inclui o corpo afetado pela pulsão para além do inconsciente.[21] O Outro, tampouco, continuará a ser um lugar evacuado de gozo. Como vimos no capítulo II, o significante é causa de gozo, situa-se a nível da substância gozante. O significante não tem relação com o significado, como na metáfora e na metonímia. E o que vale como ponto de basta já não é o Nome-do-Pai, mas o discurso de uma comunidade.[22]

A partir do momento em que a linguagem e o gozo andam de mãos dadas, o significante e o inconsciente tornam-se parasitários. Na ausência da relação prescrita entre os sexos, ou da sociabilidade sexual, temos o laço social. No lugar do significante-mestre, que fundava os

---

19 Lacan, 1969-1970/1992, *op. cit.*, cap. IV, p. 51-64.
20 Lacan, 1972-1973/1985, *op. cit.*, p. 75.
21 Miller, 1997-1998/2008, *op. cit.*, p. 164.
22 *Ibidem*, p. 166.

universais de Aristóteles – o Bem, o Verdadeiro e o Belo –, temos os discursos e o laço social.[23]

Se no Seminário 7 havia o paradoxo da sublimação como satisfação desviada dos objetivos sexuais, no Seminário 20 a sublimação deixa de ser um problema e torna-se um gozo de pleno exercício, ligado à função da fala. Por outro lado, constatar que a fala em si mesma está ligada ao gozo permite situar de outra maneira a postergação do final de análise, que não se produz através dos malabarismos significantes e exige um passo a mais. Eis a importância do aforismo "Há Um" e do recurso de Lacan às matemáticas e à letra, para enxugar a proliferação de sentido e o gozo da fala na análise.[24]

Aristóteles e Freud

Para Miller, o Seminário *Mais, ainda* é uma nova maneira de abordar a ética da psicanálise e um retorno a Aristóteles, cujo capítulo VII da *Ética a Nicômaco*,[25] sobre "a intemperança e o prazer", foi objeto deste Seminário. Considerando as virtudes listadas por Aristóteles, um lógico contemporâneo, Donald Davidson, teria se perguntado: como é possível que, sabendo o que é bom para alguém, não se o faça? Nessa separação entre o saber e o fazer, descobre-se a instância do inconsciente.[26] E uma satisfação pulsional paradoxal, que Freud teorizou em vários textos dos anos 1920, com o conceito de pulsão de morte.

Lacan, no Seminário 20, vê em Aristóteles uma moral de mestre que se baseia na possibilidade de controlar os vícios. E aqui pode-se opor Aristóteles e Freud, no qual não há nenhum chamado aos bons costumes na experiência analítica. Embora Aristóteles e Freud tenham em comum o eudemonismo, noção de que o homem busca a felicidade, para Freud, nada no homem nem no mundo está preparado para esta felicidade, ao passo que Aristóteles crê na harmonia. No que diz respeito ao excesso,

---

23 *Ibidem*, p. 167.
24 *Ibidem*, p. 169.
25 Aristote. *Éthique de Nicomaque*. Paris: Flammarion, 1965. p. 27-30.
26 Miller, 1997-1998/2008, *op. cit.*, p. 173.

Aristóteles preconiza a medida. O vício consiste justamente em buscar o excesso. Enquanto Aristóteles quer remediar a perversão no uso dos bens do corpo, Freud faz do excesso seu objeto.[27]

O Aristóteles que Lacan traz na lição V do Seminário 20 se opõe ainda de outra maneira a Freud, sobre a definição do prazer. Em Aristóteles, o prazer é uma atividade da forma de ser que está de acordo com a natureza. A falta de travas é essencial na obtenção do prazer, que coincide com a própria atividade. No prazer freudiano encontramos uma referência à *energeia* aristotélica, sob a forma da excitação, mas quando se trata do prazer, trata-se de evitar essa excitação. Então, se para Aristóteles o prazer significa um movimento a mais, para Freud o princípio do prazer consiste em trazer esse mais a zero.[28]

A evocação de Aristóteles na lição V engancha a concepção do princípio do prazer com a sexuação masculina: na conclusão da lição, Lacan diz que Aristóteles situa o prazer do lado macho e nos anuncia a diferença fundamental com o lado mulher, que não aparecia no Seminário 7. Neste, o gozo estava separado da relação sexual, enquanto no Seminário 20 o gozo está referido à relação sexual, para demonstrar que não convém a ela. Tanto Aristóteles quanto Freud filosofam sobre o gozo fálico, o único que há, salvo aquele que está do lado da mulher. Não há um paralelo entre o gozo fálico, cume do gozo autoerótico, e o gozo feminino. Lacan, na verdade, assigna o gozo fálico aos dois sexos e o opõe à relação sexual. No curso *El partenaire-síntoma*, Miller desenha um quadro onde situa o falo, o gozo da fala e os gozos masculino e feminino[29]:

$$\Phi$$
$$\text{gozo masculino} \quad <> \quad a$$
$$\text{gozo feminino} \quad <> \quad S(\cancel{A})$$
$$\text{gozo da fala}$$

---

27 *Ibidem*, p. 175-176.
28 *Ibidem*, p. 177.
29 Miller, 1997-1998/2008, *op. cit.*, p. 178.

O gozo fálico vale para os dois sexos como autoerótico. O gozo masculino é articulado ao objeto *a* e o gozo feminino é articulado a S(A̶). Aqui Miller não aproxima o gozo fálico do gozo da fala, que Lacan chama "a outra satisfação". Ele fará isso na sua conferência "O inconsciente e o corpo falante", de 2014, referindo-se ao Seminário 23. Mas já na lição VI, que Lucíola abordará da próxima vez, Lacan faz uma aproximação, ainda que ambígua, entre "uma outra satisfação, a satisfação da fala", e o gozo fálico: "Uma outra satisfação é aquela que corresponde ao gozo que seria justo, justo para que aquilo se passe entre o que abreviarei chamando-os homem e mulher. Quer dizer, aquela que corresponde ao gozo fálico"[30].

Enquanto o gozo abordado no Seminário 7 é o gozo localizado no campo da Coisa, *das Ding*, ao qual se acede apenas por transgressão, o gozo da outra satisfação, no Seminário 20, é um gozo não localizado. Por outro lado, no Seminário 23, Lacan vai localizar o gozo fálico no nó borromeano, fora do corpo, na conjunção do simbólico com o real.[31]

Retorno a Freud

Em Freud também haveria, para Lacan, uma hipótese de mestria, de desenvolvimento do *Lust-Ich*, eu prazer original, para o *Real-Ich*, ligado ao princípio de realidade. Ora, Lacan vai mostrar, com ironia, que nem os adultos chegam a despertar para o real[32]: quando encontram no sonho algo que os aproxime do real, eles acordam para continuar sonhando na realidade. Na verdade, o princípio da realidade nada mais é do que o princípio do prazer adiado, que continua buscando o prazer.

É no capítulo VII de *A interpretação dos sonhos*[33] que Miller vai buscar as bases freudianas da elaboração da "outra satisfação". Se a realidade é abordada com os aparelhos de gozo, nada melhor que retornar à concepção freudiana do aparelho psíquico, destinado a obter uma experiência de

---

30 Lacan, 1972-1973/1985, *op. cit.*, p. 87.
31 Lacan, 1975-1976/2007, *op. cit.*, p. 54-55.
32 Lacan, 1972-1973/1985, *op. cit.*, p. 76.
33 Freud, S. *A interpretação dos sonhos*. (1900) In: Freud, S. *Edição Standard Brasileira das Obras Psicológicas Completas de Sigmund Freud*. v. V. Rio de Janeiro: Imago, 1972. p. 602-603.

satisfação. Mas desde o ensaio "Projeto para uma psicologia científica", em 1895, Freud expõe o modelo de satisfação da criança: surge no bebê um estado de pressão, o Outro traz o objeto de satisfação. Forma-se no psiquismo um traço da pressão e um traço do objeto, associados com a cessação do desprazer provocado pela pressão e com o traço da imagem motora do movimento em direção ao objeto. Entre esses traços estabelecem-se associações pela simultaneidade. Assim, quando o estado de pressão reaparece, o princípio do prazer tende a reinvestir os traços de memória ligados à satisfação experimentada anteriormente, produzindo a alucinação do objeto perdido. Isso seria a satisfação alucinatória do desejo.

Então, entre a necessidade e sua satisfação se interpõe outra satisfação, aquela que daria lugar ao inconsciente. A outra satisfação designa o que se satisfaz a nível do inconsciente e que, enquanto tal, se sustenta na linguagem. A relação da necessidade com sua satisfação está complicada por outra coisa que se satisfaz ali. A satisfação da necessidade está contaminada por uma satisfação alucinatória, de ordem psíquica, diferente da satisfação devida ao objeto real. A experiência de satisfação da necessidade permanece inscrita e essa inscrição determina que na satisfação direta interfira a função da memória. O traço de memória da experiência permanece inscrito e retorna. Trata-se do inconsciente como uma memória ativa.[34]

Freud faz desse esquema elementar a definição do desejo como realização alucinatória ligada à inscrição que deixou a primeira vez. No ser humano, o gozo está condicionado, submetido, à primeira experiência de satisfação. Isso é muito manifesto nos traços de perversão. E toma a forma de um trauma inicial de gozo, manifesto em cada ser falante como uma marca de gozo que reitera no sintoma.

Lacan fala de outra satisfação que se satisfaz a nível do inconsciente: o sintoma. Considerados como realização inconsciente do desejo, os sintomas resultam da outra satisfação. Porém, no sintoma, temos uma divisão: uma parte realiza o desejo e outra parte reage contra essa

---

34 Miller, 1997-1998/2008, *op. cit.*, p. 195.

realização. Há uma conexão entre a satisfação e o significante inscrito no inconsciente: o saber é meio de gozo. A linguagem se interpõe entre a necessidade e a satisfação e contamina a necessidade. A necessidade só consegue satisfação pelo rodeio da demanda, assim, todas as necessidades estão contaminadas pela demanda: para Lacan, a satisfação da demanda é a outra satisfação. E há também a satisfação do amor, forma desenvolvida da outra satisfação que se sustenta na linguagem. E finalmente, se a realização do desejo é reconhecimento, todas as necessidades do ser falante estão contaminadas pelo desejo de reconhecimento, que só se sustenta na linguagem.[35]

Para Miller, o Seminário 20 foi feito para dizer que o significante se situa a nível do gozo, eliminando a dicotomia entre o libidinal e o simbólico. Voltamos então à nossa questão: se o gozo é autoerótico e não há separação entre o simbólico e o libidinal, como se faz a conexão com o Outro?

Fomos formados no esquema que representa a necessidade endereçada ao Outro da demanda, lugar da fala. Se o sentido já não é puro significado, mas gozo-sentido, e sentido gozado, é preciso transformar esse Outro em lugar de gozo do sujeito, pois ali onde isso fala, isso goza. Na vertente masculina, isso se reduz ao objeto a. Na vertente feminina, o Outro é objeto de um gozo louco e enigmático, $S(\bar{A})$. Trata-se do Outro como lugar do gozo do ser falante, que Miller propôs chamar sintoma quando disse parceiro-sintoma. Então temos uma equivalência formal entre o Outro e o sintoma como lugar de gozo.[36]

O utilitarismo, o necessário e o contingente

No final da segunda parte da lição V, depois de anunciar algo novo sobre a sexualidade feminina, Lacan dá como testemunho do não-todo o fato de as mulheres analistas, sobre a sexualidade feminina, nos dizerem algo, mas... não-tudo. Deve haver uma razão para isso, ligada à estrutura do aparelho de gozo.

---

35 *Ibidem*, p. 200.
36 *Ibidem*, p. 231.

Lacan retoma, então, as maneiras de ratear a relação sexual do homem e da mulher. Essa rata (*ratage*) é a única maneira de realizar essa relação. Não-tudo tem sucesso, isso rateia. Não se trata de remediar esse insucesso, o que tentam fazer algumas terapias, mas de distinguir porque isso rateia. No discurso analítico, a rata é o objeto. O objeto é rateado (*ratê*).[37]

Se a relação sexual sempre rateia, trata-se de ratear da melhor maneira possível. Há uma maneira de rateá-la do lado masculino, como vimos com Aquiles e a tartaruga: Aquiles caminhando com sua lógica fálica seguindo a série dos números naturais, 1, 2, 3, enquanto a tartaruga caminha seguindo a série dos números reais, que se abrem entre um e outro número natural: $\sqrt{2}$, por exemplo, = 1,4142, está entre o 1 e o 2.[38]

Lacan passa do eudemonismo ao utilitarismo, que é "gastar até puir" as velhas palavras, para se desprender dos universais platônicos e aristotélicos, servindo-se das velhas palavras com seus equívocos. As palavras servem para que haja o devido gozo, ou para falhar de uma boa maneira. Acontece que, em francês, o *faut* do gozo *qu'il faut*, do gozo devido, soa como *faux*, falso, mas além disso permite um equívoco entre dois verbos na terceira pessoa: *faillir*, faltar a (um dever), cair em falta, pecar, estar a ponto de, e *falloir*, ser necessário, ter que.[39]

Assim, cada vez que dá um passo em falso em busca do gozo que faz falta, Aquiles falha por pouco em alcançá-lo (*faillir*). Mas ele o rateia na mesma medida em que ele lhe faz falta, lhe é necessário (*falloir*). Se não lhe fizesse falta, ele não estaria ali, quase a ponto de alcançá-lo. Algo é necessário e ao mesmo tempo sempre falta.

A lógica modal é uma maneira de repartir quatro categorias: necessário, contingente, possível e impossível. O necessário é aquilo que não cessa de se escrever e se conjuga ao impossível, o que não cessa de não se escrever. O que se produz é o gozo que não se deveria, correlato de não haver relação sexual, substancial da função fálica.

Lacan retoma, então, a construção de sua fórmula para tentar alcançar, desde a posição de gozo fálico, algo da outra maneira de falhar a relação

---

37 *Ibidem*, p. 79.
38 Bassols, M. *Lo femenino entre centro y ausencia*. Buenos Aires: Grama, 2017. p. 77-82.
39 Lacan, 1972-1973/1985, *op. cit.*, p. 80.

que não existe: é o gozo que não deveria, mas também o que faz falta (*qu'il faut*), o que não cessa de não se escrever, de não se alcançar (*qu'il ne faut pas*).

"[...] se houvesse um outro gozo que não o fálico, não teria que ser aquele."[40] O que é que designa "aquele"? Designa o que na frase é o outro, ou é aquele de que partimos para designar esse outro como outro?

A ambiguidade se sustenta ao mesmo tempo pelo fato de que a primeira parte da frase é falsa: se houvesse outro que o gozo fálico. Não há, de fato, outro gozo que o gozo fálico, o que pode ser simbolizado pelo significante. Exceto, acrescenta Lacan, aquele gozo sobre o qual a mulher não solta nenhuma palavra, impossível de universalizar. Que a primeira parte da implicação seja falsa, em boa lógica, não impede que a segunda seja verdadeira: não teria que ser aquele. O gozo que não faz falta, não é necessário, ao mesmo tempo faz falta, sempre faltará. Não há outro gozo que não o fálico, que pode dizer-se e simbolizar-se com a linguagem, com o significante fálico.

Então, é falso que haja outro gozo. É preciso que haja aquele, por falta, por culpa, do outro que não há. Que o não-ser não seja, isso é levado na conta do ser, a quem é atribuída a falta. O gozo, se ele vem àquele que fala, é porque ele é um prematuro. A gente o recalca porque não convém que ele seja dito. Ele não é aquele que é preciso, mas o que não é preciso. Por falar, o gozo não convém à relação sexual. Ele faria melhor em se calar, mas isso torna a ausência de relação sexual ainda mais pesada. No fim das contas, o gozo não se cala. Mas, por efeito do recalque, ele fala de outra coisa.[41] Isso nos torna capazes de servir para alguma coisa, por falta de saber gozar de outro modo que não o de ser gozado, pois é justamente o gozo que não deveria. Isso remonta à posição estrutural de advento do sujeito a partir de uma posição de objeto de gozo.

Lacan conclui a lição dizendo que o gozo se refere centralmente àquele que não se deve, que não seria preciso para que haja relação sexual. O prazer na atividade destacado por Aristóteles, como vimos, é situado por Lacan do lado masculino, que coloca o objeto *a* no lugar do Outro, do parceiro que falta, constituindo a fantasia no lugar do real. É preciso

---

40 *Ibidem*, p. 81.
41 *Ibidem*, p. 83.

buscar então a diferença radical do que se produz, a partir d'A mulher, em suplência a essa relação que não há. É o que veremos da próxima vez sobre o gozo d'A mulher.

Mas poderíamos dizer que é aqui que entra o amor, em suplência à relação sexual que não há. Graciela Brodsky, em um trabalho apresentado num seminário preparatório ao Enapol X, sobre o novo no amor, mostrou que, para Lacan, como para Freud, o amor tem seu fundamento no narcisismo. Lacan avança, ao longo do seu ensino, articulando o amor à castração – "amar é dar o que não se tem"[42] –, o que ressoa na fórmula que vimos no Seminário 10: "só o amor permite ao gozo condescender ao desejo"[43]. Até os anos 70, quando Lacan diz que o capitalismo forclui as coisas do amor porque não quer saber nada da castração[44], permanece essa articulação do amor à castração. Se, no Seminário 20, Lacan diz que "falar de amor, não se faz outra coisa no discurso analítico"[45], ele busca, pouco tempo depois, "fazer o amor mais digno do que a profusão do palavrório que ele constitui até hoje"[46].

É em "Televisão", um pouco mais adiante, que Lacan, retomando as modalidades lógicas, diz: "Basta que, em algum lugar, a relação sexual cesse de não se escrever, que se estabeleça a contingência [...], para que se conquiste um esboço do que deverá ser concluído para demonstrar essa relação como impossível, ou seja, para instituí-la no real"[47]. Miller escreve na margem: o amor. Então, trata-se de provar o impossível da relação sexual pela contingência do amor. Quer se trate do amor de transferência, ou do amor como encontro contingente, o amor é o que permite demonstrar o impossível da relação sexual.

---

42 Lacan, J. *O seminário*, livro 8: *A transferência*. (1960-1961) Texto estabelecido por Jacques-Alain Miller. Rio de Janeiro: Jorge Zahar Ed., 1992.
43 Lacan, 1962-1963/2005, *op. cit.*, p. 197.
44 Lacan, J. *Estou falando com as paredes*: conversas na Capela de Sainte-Anne. Rio de Janeiro: Jorge Zahar Ed., 2011. p. 88.
45 Lacan, 1972-1973/1985, *op. cit.*, p. 112.
46 Lacan, J. Nota italiana. (1973) In: Lacan, J. *Outros escritos*. Rio de Janeiro: Jorge Zahar Ed., 2003. p. 315.
47 Lacan, J. Televisão. (1974) In: Lacan, J. *Outros escritos*. Rio de Janeiro: Jorge Zahar Ed., 2003. p. 537.

Concluímos, então, retomando nossa pergunta: pode o amor ir mais além do narcisismo, ou da busca de um signo de amor? Pode-se amar o Outro em seu gozo, responde Graciela Brodsky, isso seria algo novo no amor, mais além da castração, que nos levaria ao que Lacan chamou de sexuação feminina.

VI
EXPERIÊNCIA MÍSTICA E GOZO SUPLEMENTAR

LUCÍOLA MACÊDO:

"Ler-amar odiar"

Estamos novamente na abertura desta lição diante de uma situação na qual a ação e as circunstâncias se fazem presentes no curso do seminário de Lacan. Havíamos já chamado a atenção para este fato a propósito da lição II e da presença de Jakobson, naquele dia, na audiência. É incrível como Lacan não apenas delas se serve como também as subverte, extraindo-lhes a seiva mais concentrada, para com ela nutrir as suas elaborações.

Há nesta lição VI fios que se entrecruzam e se enodam: a interlocução com a lógica e a metafísica aristotélicas, fio contínuo a atravessar o seminário do início ao final. Já o outro fio, circunstancial, cai como um raio: trata-se do livro de Jean-Luc Nancy e Philippe Lacoue-Labarthe recém-publicado à época *O título da letra: uma leitura de Lacan*.

Pois bem, aquilo que pareceria um comentário *en passant*, se fizermos uma leitura atenta do que está em jogo, constitui o fio incandescente por onde Lacan desenha seu traçado em direção ao coração pulsante desta lição: a formulação do gozo suplementar a partir da experiência mística cristã, que, a meu ver, no ponto onde Lacan a recupera, é inseparável de uma experiência de escrita, sobretudo da escrita poética, por ser aquela que, jogando com a significância, convida à equivocidade e à vacuidade próprias ao efeito poético.

Lacan é elogioso em relação à minúcia e perspicácia com as quais os seus leitores filósofos apontam os seus desvios em relação a Saussure e, ao mesmo tempo, jocosamente irônico em relação às suas más intenções e à "impertinente" conclusão. Declara jamais ter sido tão bem lido, jamais ter sido lido com tanto amor, amor que tem sua contrapartida no ódio como correlato da *dessuposição* de saber como condição para a leitura. Para ser bem lido, não convém ser lido com amor, convém que se leia com ódio, diz Lacan.

Vejamos aonde chegam os seus leitores[1] quando revelam as suas intenções: eles denunciam com minúcia e paixão, "pontinho por pontinho", as fontes filosóficas de Lacan, assim como todos os seus "desvios"[2], aqueles declarados e aqueles supostamente "denegados". A conclusão do livro vai na contramão do trabalho realizado por Lacan em "A instância da letra no inconsciente ou a razão desde Freud", quando se distancia de Saussure e de Lévi-Strauss e estabelece uma teoria do significante a partir dos trabalhos de Jakobson sobre a metáfora e a metonímia, renunciando a toda e qualquer ontologia. Não posso deixar de trazer à luz o nome de Jacques Derrida, amigo e parceiro de Jean-Luc Nancy, possivelmente oculto neste livro-denúncia, a engrossar o caldo da querela entre Derrida e Lacan em torno da letra, ao concluir que em "A instância da letra..." Lacan teria forjado uma "onto-teo-semio-logia."[3]

Em que ponto *O título da letra* e a mística se cruzam? É surpreendente e também apaixonante que, ao invés de se defender ou se justificar, ou mesmo gastar saliva tentando provar o contrário, Lacan se aproprie daquilo de que o acusam: de não tomar seriamente a filosofia, de distorcê-la realizando apropriações indevidas, desviando-se tanto da filosofia quanto da linguística. Qual é a interpretação que lhes devolve Lacan ao final desta lição, com sua sagacidade temperada de fina ironia? Acusam-no

---

[1] Os textos "Radiofonia", de modo oblíquo, e "Lituraterra", de modo explícito, são as respostas de Lacan notadamente para Jacques Derrida, e também, por razões diferentes, para Gilles Deleuze, além de Jean-Luc Nancy e Philippe Lacoue-Labarthe, às repercussões provocadas na elite intelectual francesa de sua conferência "A instância da letra no inconsciente ou a razão desde Freud", pronunciada em maio de 1957 na Sorbonne, a pedido do Grupo de Filosofia da Federação dos Estudantes de Letras, e publicada em *Escritos* em 1966.
[2] Nancy, J.-L.; Lacoue-Labarthe, P. *O título da letra*: uma leitura de Lacan. São Paulo: Escuta, 1991. p. 212-214.
[3] Nancy; Lacoue-Labarthe, 1991, *op. cit.*, p. 136-137.

de místico. Ele responde com um elogio à mística, incluindo-se como tal: "Essas jaculações místicas, não é lorota nem só falação, é em suma o que se pode ler de melhor – podem pôr em rodapé, nota – *Acrescentar os Escritos de Jacques Lacan*, porque é da mesma ordem."[4].

Questões em progresso

Temos dito que a grande guinada operada por Lacan em seu ensino acontece justo no ponto em que o significante é postulado não pelo que aporta de significação, mas por sua apreensão ao nível do que se imprime sobre o corpo como efeito de gozo. Nesta lição, Lacan aborda alguns pontos que merecem a nossa consideração. Ele procede a partir de sua intenção de levar mais longe a consequência do fato de que "entre os sexos, no ser falante, a relação não se dá, na medida em que é somente a partir daí que se pode enunciar o que vem, a essa relação, em suplência"[5].

Lacan enuncia que, com seu "*Há Um*", ele escande o que se constitui a renovação forjada por Freud ao fundar, sob o signo de Eros e da transferência, a experiência analítica. A jaculatória "*Há Um*" vem ecoando ao longo dos séculos – desde os neoplatônicos – em sua ressonância infinita (parece referir-se aqui à doutrina plotiniana do Um e do Múltiplo, para quem o Um é uma entidade transcendente, infinita e imaterial). Este Um não será relançado por Lacan ao nível da biologia ou de qualquer metáfora fusional, mas ao nível da língua, e "com o sotaque de que há Um sozinho". Diz ele: "É daí que se apreende o nervo do que temos mesmo que chamar pelo nome com que a coisa retine por todo o curso dos séculos, isto é, o amor"[6].

Caberia, quanto ao amor, um desenvolvimento mais apurado da menção de Lacan ao amor cortês nesta lição[7], a partir de um cotejamento com a lição XI do Seminário 7, *A ética da psicanálise*. Se neste último

---

[4] Lacan, J. *O seminário*, livro 20: *Mais, ainda*. (1972-1973) Texto estabelecido por Jacques-Alain Miller. Rio de Janeiro: Jorge Zahar Ed., 1985. p. 103. Grifo do autor.
[5] *Ibidem*, p. 90.
[6] *Ibidem*, p. 91.
[7] *Ibidem*, p. 94.

Lacan enfatiza a articulação da poesia à sublimação[8], no Seminário 20, ele coloca em primeiro plano a dimensão do gozo. Na esteira do amor cortês, será preciso trazer à luz a poesia "preciosa" e seu correlato, o "amor precioso"[9]. Deixo como indicação de leitura um poema precioso de que gostei muito, "Metamorfoses dos olhos de Fílis em astros", de Germain Habert, escrito na década de 1630 e primorosamente traduzido por Lawrence Flores Pereira. Esse instigante poema, que trata da metamorfose e a dissolução, chama a atenção pela maneira singular como se dão as irrupções de gozo no texto. A figura do sol, que representa a força divina, "teria preferido trocar sua condição de Necessidade por uma ventura humana plena de padecimento [...] pelo gozo pungente da perecibilidade"[10]. Aqui, é a divindade quem ardentemente aspira à condição humana, e não o contrário.

Como dissemos antes, o amor nesta lição é posto sob a égide do *Um sozinho*, como suplência à relação que não há: entre os sexos e entre significante e gozo. Os desdobramentos da conjunção paradoxal entre o amor e o Um sozinho, e o acento posto sobre o gozo, são abundantes ao longo deste seminário. Por ora, vale marcarmos a direção tomada posteriormente por Lacan em "Joyce, o Sintoma", ao indicar que "indivíduos que Aristóteles toma como corpos podem não ser nada além de sintomas, eles próprios, em relação a outros corpos". Ele prossegue: "uma mulher, por exemplo, é sintoma de um outro corpo"[11]. Uma mulher poderá fazer sintoma para um outro corpo na medida em que ela é o lugar de um gozo Outro, Outro para ela mesma. Nessa perspectiva, não estamos no regime do inconsciente fundado na identificação ou no par amor/ódio, mas do inconsciente feito de equívocos pelos quais o corpo decifra o

---

8 Lacan, J. *O seminário, livro 7: A ética da psicanálise*. (1959-1960) Texto estabelecido por Jacques-Alain Miller. Rio de Janeiro: Jorge Zahar Ed., 1991. p. 187.
9 Wachsberger, H. Lacan sur le pas des précieuses. *Ornicar? Revue du Champ Freudien*, Paris, n. 51, p. 183-212, 2004.
10 Pereira, L. F. O narcisismo especular e o poder sem poder. In: Habert, G. *Metamorfoses dos olhos de Fílis em astros*. Apresentação e tradução Lawrence Flores Pereira. São Paulo: Filocalia, 2016. p. 39.
11 Lacan, J. Joyce, o Sintoma. (1976) In: Lacan, J. *Outros escritos*. Rio de Janeiro: Jorge Zahar Ed., 2003. p. 565.

traumatismo como emergência de gozo, onde o que está em jogo é da ordem da crença (crer numa mulher), mais que das identificações.[12]

Nessa perspectiva, deixo como indicação de leitura os desdobramentos feitos por Jacques-Alain Miller na lição de 27 de maio de 1988 do curso *El partenaire-síntoma*, quando ele interrogará sob quais condições o Outro se converte em meio de gozo para o falasser. Ele dirá que o gozo se produz no corpo do Um por meio do corpo do Outro. Nesse sentido, é sempre autoerótico e aloerótico ao mesmo tempo, porque sempre inclui o Outro. Até mesmo na masturbação masculina. Ao logificar os modos de gozo através dos quantificadores lógicos tomados emprestados de Aristóteles, Lacan demonstra de que maneira o corpo próprio do ser falante é "outrificado", como é que o corpo se converte em Outro através do significante: "todo fálico" para o lado dito masculino, em que o *plus* do orgasmo como emergência do gozo fálico se distingue por seu lugar "fora do corpo"; e "*não-todo* fálico" para o lado dito feminino, em que o orgasmo escalonado e tendente ao infinito não se localiza neste ponto fora do corpo, já que no orgasmo feminino o "corpo mesmo se converte em fora do corpo"[13].

O gozo está contido no corpo próprio, mas este é Outro para o falasser, daí os fenômenos de abertura e ilimitação presentes também no gozo extático, próprio às experiências de união com Deus na mística. Donde o "fora do corpo" do lado do gozo fálico se experimenta como localizado, com seu caráter "contável"; enquanto o "fora do corpo" do lado não-todo fálico se experimenta como deslocalizado e ilimitado.

Lacan designa por falasser o sujeito do inconsciente dotado de um corpo: a fala passa pelo corpo e, em retorno afeta o corpo que é seu emissor. Ela o afeta sob a forma de fenômenos de ressonâncias e ecos. A ressonância é o eco da fala no corpo, fazendo equivaler por sua origem comum, situada nos "efeitos da fala sobre o corpo, nos afetos somáticos da língua, e de lalíngua"[14], o inconsciente e a pulsão. Aqui já não

---

12 Laurent, É. *O avesso da biopolítica*: uma escrita para o gozo. Rio de Janeiro: ContraCapa, 2016. p. 64-65.
13 Miller, J.-A. *El partenaire-síntoma*. (1997-1998) Buenos Aires: Paidós, 2008. p. 411-413.
14 Miller, J.-A. Habeas Corpus. *Opção Lacaniana, Revista Brasileira Internacional de Psicanálise*, São Paulo, n. 73, p. 33, ago. 2016.

há binarismo. O estatuto ontológico e ético do inconsciente freudiano cede seu lugar ao falasser, que, por assentar-se no corpo e no gozo, é uma entidade ôntica.

Lacan evoca o materialismo ao se referir, ainda que sem mencionar diretamente, aos estoicos, para quem, na contramão do platonismo, nada existe verdadeiramente exceto os corpos, ou seja, tudo o que existe e padece é corporal, inclusive a alma e os deuses, como um contraponto ao Deus ontologizado dos filósofos, que "dominou, na filosofia, todo o debate em torno do amor"[15]. Ele argumenta, diferentemente do que supunham os autores de *O título da letra*, que "A instância da letra..." foi a sua maneira não somente de laicizar, mas de "exorcizar" o velho e bom Deus dos filósofos: "no que deus existe [...] no modo como existe", diz não estar na mesma posição dos teólogos, pois é preciso lidar com o Outro. Já esse Outro, se há apenas Um sozinho, "deve ter alguma relação com o que aparece, então, do outro sexo"[16], diz ele.

O Um, portanto, deverá ser interrogado ao nível da língua e dos seus efeitos de gozo no corpo – é assim que ele objeta a ontologia: o ser de significância encontra sua razão de ser no gozo do corpo. Se no discurso filosófico, Aristóteles conecta o corpo ao *logos*, Lacan faz outras conexões: conecta-o inicialmente ao imaginário e ao falo; em seguida, ao vazio e ao gozo, via o enodamento de três consistências (Real, Simbólico e Imaginário) através do sinthoma.[17]

Antes de avançar, será preciso dar uma volta a mais em torno da letra a fim de não deixarmos escapar o grão duro desta lição. Em *Gramatologia* (1967), Derrida propõe sua teoria da letra como traço e inscrição, impressão primeira, perspectiva da qual Lacan se distancia, colocando o acento nos efeitos de gozo, de um gozo feminizante, que emerge como enigma. A letra para Lacan não é transcrição, mas perturbação da fala e seus efeitos de gozo. A escrita advém "como o sistema de notação das perturbações da língua, do fato de que a língua escapa à linguagem [...] e se ela parece mais propícia a dizer o íntimo não é por ser primeira",

---

15 Lacan, 1972-1973/1985, *op. cit.*, p. 93.
16 *Ibidem*.
17 Laurent, 2016, *op. cit.*, p. 63.

mas por permitir denotar este lugar de um gozo indizível.[18] Ele avança em sua elaboração em torno de um regime de gozo não-todo, ao formular, por exemplo, que um homem (um falasser) poderá colocar no lugar do Outro, algo diferente do corpo de uma mulher, quer seja Deus (como São João da Cruz) ou lalíngua (como o fez Joyce). Na quinta lição do curso *L'Un-tout-seul*, Miller o ratifica ao postular que é o outro gozo o que confere o estatuto fundamental do gozo, como opaco ao sentido.

Esse gozo outro não remete à relação sexual: "quando digo que *não há relação sexual*, formulo, muito precisamente [...] que o sexo não define relação alguma no ser falante"[19]. Diz Lacan: "[...] quando um ser falante qualquer se alinha sob a bandeira das mulheres, isto se dá a partir de que ele se funda por ser não-todo a se situar na função fálica [...]. Não há A mulher, artigo definido para designar o universal"[20], ou, dando ainda um passo adiante, do lado d'A mulher, o gozo dito feminino faz obstáculo (lógico)[21] ao universal.

Lacan prossegue em seu diálogo com a linguística universitária, campo do qual os autores de *O título da letra* se fizeram arautos. Sua formalização não privilegia o "átomo de significação" como em Saussure, mas a "irrupção de gozo no texto"[22], o que será de algum modo retomado e valorizado, no meio universitário, por Roland Barthes, em "O prazer do texto", publicado em 1973. Isso me parece fundamental para entendermos a referência de Lacan à mística neste seminário, que abordarei não pela via da escopia ou da iconografia cristã, mas da escrita e das irrupções de gozo no texto.

Como vimos, o falo não está fora de questão, mas na perspectiva da sexuação, que é também a do falasser, seu estatuto já não é unicamente

---

18 *Ibidem*, p. 26-27.
19 Lacan, J. *O seminário*, livro 19: *...ou pior*. (1971-1972) Texto estabelecido por Jacques-Alain Miller. Rio de Janeiro: Jorge Zahar Ed., 2012. p. 13. Grifo do autor.
20 Lacan, 1972-1973/1985, *op. cit.*, p. 98. Grifo do autor.
21 Cf. menção de Lacan à *entasis*, o obstáculo lógico aristotélico, recuperado por Philippe Lacoue-Labarthe e Jean-Luc Nancy em nota de rodapé em *O título da letra*, e comentado por Lacan à página 94-95.
22 Laurent, É. La place de Radiophonie dans l'enseignement de Lacan. *Quarto*, Bruxelles, n. 118, p. 22, mars 2018.

o de um operador simbólico. Na lição "O nó como suporte do sujeito", do Seminário 23, Lacan diferencia o gozo fálico (S-R), o sentido enquanto gozo-sentido (I-S) e o gozo de A̶ (R-I). Ele aponta também para uma disjunção entre o gozo fálico e o gozo peniano (e também clitoridiano de acordo com Brousse)[23]. Os gozos peniano e clitoridiano conectam-se ao imaginário, como gozo do duplo, da imagem especular. Ele constitui os diferentes objetos que ocupam as hiâncias das quais o corpo é o suporte imaginário, ao passo que o gozo fálico se situa na conjunção do simbólico com o real: "na medida em que no sujeito que se sustenta no falasser, que é o que designo como inconsciente, há a capacidade de conjugar a fala e o que concerne a um certo gozo, aquele dito do falo, experimentado como parasitário, devido a essa própria fala, devido ao falasser"[24]. Gozo do órgão, gozo fálico (enquanto função fálica), gozo do sentido e gozo de A̶ encontram-se, portanto, enodados no falasser. Na perspectiva dos enodamentos, não seria pertinente tomá-los de modo estanque ou excludente.

O Seminário 20 nos ajuda a entender – ao menos foi essa a minha hipótese de trabalho em desenvolvimento anterior sobre o tema – que Deus parece operar, na escrita mística, por um lado, como equivalente a um "furo-no-real", e por outro, como um "conector"[25]. Assim como o homem faz as vezes "de conector para que uma mulher se torne esse Outro para ela mesma, como é para ele"[26], Deus faria as vezes de um conector entre a função fálica e o ilimitado do gozo na experiência mística. Ou ainda, em algumas situações, faria as vezes de parceiro (não sexuado) como meio de gozo, levando em conta que a experiência mística inclui a escrita e sua transmissão, que notadamente se faz, no mais das vezes, por meio da poética da linguagem.

---

23 Brousse, M.-H. Heterotismo – acerca do vazio, um modo de gozar no feminino. *Carta de São Paulo*, ano 27, n. 1, p. 76-77, maio 2020.
24 Lacan, J. *O seminário, livro 23: O sinthoma*. (1975-1976) Texto estabelecido por Jacques-Alain Miller. Rio de Janeiro: Jorge Zahar Ed., 2007. p. 55.
25 Macêdo, L. No 'fulgor das ausências', dizer o indizível. *Curinga*, Belo Horizonte, Escola Brasileira de Psicanálise – Seção Minas Gerais, n. 50, p. 61-72, dez. 2020.
26 Lacan, J. Diretrizes para um Congresso sobre a sexualidade feminina. (1960) In: Lacan, J. *Escritos*. Rio de Janeiro: Jorge Zahar Ed., 1998. p. 741.

Lacan e a experiência mística

Há menções à mística ao longo de todo o arco do ensino de Lacan, as quais se iniciam muito precocemente, já em 1932, figurando como desordem patológica em sua tese *Da psicose paranoica em suas relações com a personalidade*, onde alude à paranoia mística e ao delírio místico a propósito do caso Aimée.[27] Fato é que as suas referências de leitura extrapolavam em muito o âmbito da psiquiatria: Pierre Rousselot, Étienne Gilson, Denys de Rougemont... E entre elas, Jean Barusi, que foi seu professor no Colégio Stanilas, autor da tese *São João da Cruz e a experiência mística*, publicada em 1924; e também o filósofo Alexandre Koyré, que havia publicado dois estudos sobre a mística: em 1914, *A ideia de Deus em Santo Anselmo*, sob a orientação de François Picavet, livre-pensador e especialista em teologia medieval que transmitira a toda uma geração de filósofos "um espírito de laicidade na abordagem da história da filosofia religiosa"[28]. Koyré seguiu também o ensino de Étienne Gilson, autor de imensa obra sobre a filosofia medieval, cujo método permitia recolocar a abordagem de autores e obras num contexto histórico em que fé e filosofia seriam conciliáveis. Em 1929, Koyré publicou *A filosofia de Jacob Boehme*, de onde Lacan extrai o título de seu soneto "Hiatus irrationalis", escrito no contexto de uma troca epistolar com seu amigo e filósofo Ferdinand Alquié. Uma menção ao Deus boêmio aparece posteriormente no Seminário *A ética da psicanálise*, a propósito da maldade fundamental como uma das dimensões da vida suprema.[29]

Antes disso, em 1954 Lacan é convidado a participar de um Congresso de Psicologia Religiosa em Paris, momento em que tece considerações sobre a função do símbolo na poesia de São João da Cruz.[30] Em 1956, volta

---

27 Lacan, J. *De la psychose paranoïaque dans ses rapports avec la Personnalité*. Paris: Seuil, 1975. p. 57, 111.
28 Roudinesco, E. *Jacques Lacan*: esboço de uma vida, história de um sistema de pensamento. São Paulo: Companhia das Letras, 1994. p. 102-103.
29 Le Brun, J. Psychanalyse et mystique: quelques questions. *Champ Lacanien*, EPF-CL-France, n. 8, p. 127-147, 2010. Disponível em: https://www.cairn.info/revue-champ-lacanien-2010-1-page-127.htm. Cf. também Lacan, 1959-1960/1991, *op. cit.*, p. 263.
30 Lacan, J. Do símbolo e de sua função religiosa. In: Lacan, J. *O mito individual do neurótico*. Rio de Janeiro: Jorge Zahar Ed., 2008. p. 45-83.

a mencionar a poesia de São João da Cruz no Seminário 3, *As psicoses*, explicitando pela primeira vez a disjunção entre experiência mística e foraclusão. Ali, ele enfatiza a diferença entre os fenômenos de corpo nas psicoses e a experiência mística. Ele o faz tomando como referência os escritos de Schreber, naquilo que concerne à experiência de gozo e à função da escrita: a relação de Schreber com Deus é marcada por traços "que a fazem afigurar-se mais uma *mistura* do que uma *união* do ser com o ser [...], não mostrando nada da presença e do júbilo que iluminam a experiência mística"[31]. Sobre a sua escrita, ele afirma: "se ele é com toda certeza um escritor, não é um poeta. Schreber não nos introduz numa dimensão nova da experiência. Há poesia toda vez que um escrito nos introduz num mundo diferente do nosso", fazendo com que se torne também nossa. A poesia faz com que não possamos duvidar da autenticidade da experiência de San Juan de la Cruz: "é criação de um sujeito assumindo uma nova ordem de relação simbólica com o mundo"[32].

Como vimos, o recurso de Lacan à mística cristã é determinante na formulação do gozo suplementar. Ele situa esse gozo do lado "não-toda" $\text{A} \rightarrow S(\text{A})$, sem que isto implique numa exclusão da vertente fálica $\text{A} \rightarrow \Phi$: "Não é porque ela é não-toda na função fálica que ela deixe de estar nela de todo"[33]. "Por ser não-toda ela tem, em relação ao que designa de gozo a função fálica, um gozo suplementar." E agrega: "Vocês notarão que eu disse *suplementar*. Se estivesse dito *complementar* [...] recairíamos no todo"[34].

Lacan soube beber dessa fonte, o que lhe permitiu forjar algo novo no âmbito da sexualidade feminina, tal qual anunciara na lição anterior. Ele conferiu uma forma e um uso lógico a isto que encontrou nos testemunhos da mística cristã. Mas não podemos perder de vista que se trata de experiências de escrita, o que põe em primeiro plano o interesse de Lacan pelos alcances e limites da linguagem em sua lida com o real,

---

31 Lacan, J. De uma questão preliminar a todo tratamento possível da psicose. (1958) In: Lacan, J. *Escritos*. Rio de Janeiro: Jorge Zahar Ed., 1998. p. 582. Grifo nosso.
32 Lacan, J. *O seminário, livro 3: As psicoses*. (1955-1956) Texto estabelecido por Jacques-Alain Miller. Rio de Janeiro: Jorge Zahar Ed., 1988. p. 94.
33 Lacan, 1972-1973/1985, *op. cit.*, p. 100.
34 *Ibidem*, p. 99. Grifos do autor.

mais que sobre os fenômenos místicos em si. Ele estava interessado nos laços entre o corpo, o gozo, o ser de significância, o signo de amor, lidos a partir do lado feminino da tábua da sexuação. Guardadas as consideráveis diferenças discursivas e históricas em relação à psicanálise (são escritos do século XV, XVI, forjados no contexto da Inquisição), que fazem com que esses campos não sejam facilmente comparáveis, e que para fazê-lo seja preciso construir os parâmetros a partir dos quais fazê-lo de uma boa maneira – me parece que estamos diante de diferentes maneiras de fazer com o furo, o que em psicanálise nos permite aproximar sinthoma e feminização.

Como "tudo isso se produz graças ao ser de significância"[35], o testemunho da aventura mística e a fruição do êxtase nas bordas do indizível não prescindem da linguagem em suas formas poética e jaculatória. A experiência mística como experiência de gozo não está desarticulada dos testemunhos e da função do escrito e da letra. Se a linguagem fracassa em sua impossibilidade estrutural de dizer o que é da ordem de um acontecimento de corpo, isso não impede que, por um forçamento, alguns aí se arrisquem.

Em *L'Un-tout-seul*, Miller retoma o que Lacan isola sob a égide do gozo feminino, este gozo "não simbolizável, indizível, que tem afinidades com o infinito"[36] como um "puro acontecimento de corpo"[37]. Um corpo, dirá Lacan, "isso se goza [...] por corporizar-se de maneira significante"[38]. O significante é causa de gozo. O corpo em jogo aí não é o corpo da relação sexual, nem mesmo aquele que se define pela imagem, mas consiste unicamente como um corpo que se goza a si mesmo. Na esteira de tais formulações, Lacan interroga: "como, sem o significante, centrar esse algo que, do gozo, é a causa material?"[39] Questão retomada por Miller nos seguintes termos: o que introduz a linguagem no registro do gozo? Freud havia postulado que é a castração. Lacan propõe algo diferente. O

---

35 *Ibidem*, p. 103.
36 Miller, J-A. *L'Un-tout-seul*. Curso de orientação lacaniana. Lição de 02/03/2011. (Inédito)
37 *Ibidem*, lição de 09/02/2011.
38 Lacan, 1972-1973/1985, *op. cit.*, p. 35.
39 *Ibidem*, p. 36.

que da linguagem se introduz no registro do gozo é a repetição do Um, esta que "comemora a irrupção de um gozo inesquecível"[40]. Tal repetição de gozo dá-se fora do sentido. É por esta via que Lacan postula a instância deste gozo opaco, atinente à sexualidade feminina. A linguagem, sob este prisma, é apreendida no nível daquilo que se imprime sobre o corpo como efeito de gozo, produzindo aí traços de afetação. Isso quer dizer que no nível da pulsão, da castração e do objeto *a*, temos ainda uma perspectiva do corpo sublimado, transcendentalizado pelo significante. A partir da jaculatória "Há Um", o corpo advém como o Outro do significante, e o acontecimento de corpo, agrega Miller, "como a verdadeira causa da realidade psíquica"[41].

No horizonte dessa experiência que se dá entre a pura vacuidade, numa mistura de gozo, amor extático, e abertura ao Outro[42] e a iminência de um corpo vivo que se goza, não estaríamos diante de um corpo que, por meio do júbilo, ou seja, de uma recuperação de gozo, se vivifica? O que diferenciaria a experiência mística, onde não se demanda nada a ninguém, do enquadre clássico do arrebatamento como "a outra face da devastação"[43], tributário da infinitização da demanda de amor? Não caberia neste ponto uma elucidação das diferenças em jogo entre a vacuidade, tal como se apresenta no âmbito das soluções trinitárias próprias à experiência mística, e aquela atinente, por exemplo, ao arrebatamento de Lol V. Stein, formulado por Lacan na esteira do "ser a três"[44] – em sua "Homenagem a Marguerite Duras" – em que Lol "se põe suspensa, chapando sobre seu vazio"[45]? Se com Marguerite temos um testemunho daquilo que se escreve quando "a prática da letra converge com o uso do inconsciente"[46], no campo dessas experiências tudo indica que estejamos

---

40 Miller, *L'Un-tout-seul*. Lição de 23/03/2011. (Inédito)
41 *Ibidem*, lição de 11/02/2011.
42 Laurent, É. La relación corporal. In: Miller, J.-A. *Piezas sueltas*. (2004) Buenos Aires: Paidós, 2013. p. 404-405.
43 Miller, J.-A. *O osso de uma análise*. Agente, Revista da Escola Brasileira de Psicanálise - Bahia, Salvador, n. especial, p. 114-116, 1998.
44 Lacan, J. Homenagem a Marguerite Duras pelo arrebatamento de Lol V. Stein. (1965) In: Lacan, J. *Outros escritos*. Rio de Janeiro: Jorge Zahar Ed., 2003. p. 203.
45 *Ibidem*, p. 203.
46 *Ibidem*, p. 200.

mais próximos disso que 'nada fala a ninguém'. Não se trataria de um acontecimento do pensamento, mas disso que Lacan qualifica como um "acontecimento do corpo substancial, aquele cuja consistência é gozo"[47].

Minha hipótese, na esteira da lição 5 do curso *L'Un-tout-seul* de Miller, é de que tomar o gozo feminino como tributário do arrebatamento como a outra face da devastação seja uma leitura que pensa o regime feminino de gozo a partir do viril, a partir de uma perspectiva edipiana. Ao passo que a imanência de um corpo vivo que se goza, a partir da qual Lacan formula o gozo suplementar, é tributária do corpo falante, de Um corpo, do gozo feminino como acontecimento de corpo. Nessa perspectiva, estamos diante de um gozo que se lê, não a partir do paradigma do ser e da significação, mas a partir do paradigma da existência, e do ser de significância em sua conexão com o real, o que implica em postular-se que no júbilo próprio à experiência mística, estejamos diante de uma situação em que o arrebatamento e a devastação devam ser tomados como disjuntos e não, necessariamente, sob os auspícios das figuras do direito e do avesso, ou da outra face. Outra questão a ser precisada: êxtase místico e arrebatamento, o que os aproxima e o que os distancia?

Havia pensado em prosseguir com a investigação sobre a incidência do gozo suplementar na obra poética de São João da Cruz. Como já usei todo o tempo de que dispunha, situarei aqui apenas algumas coordenadas iniciais. Diferentemente da experiência de sua tutora Santa Teresa de Ávila, na poética de São João da Cruz a linguagem comporta uma dimensão poética consubstancial à experiência mística. Com o recurso à poesia, João da Cruz escava o sentido até os seus confins através de oximoros e paradoxos.[48] É através do corpo do poema que a alma realiza sua união mística com Deus.[49] Ele se afasta de qualquer caminho diferente deste, recusando os arrebatamentos, as visões e as sensações extraordinárias, sob o risco de incorrer nos abismos da ilusão, perigo

---

47 Miller, J.-A. *Perspectivas dos Escritos e Outros escritos de Jacques Lacan*: entre gozo e desejo. (2008-2009) Rio de Janeiro: Jorge Zahar Ed., 2011. p. 97.
48 Jossua, J.-P. *Seul avec Dieu*: l'aventure mystique. Paris: Gallimard, 1996. p. 90.
49 Cf. os poemas de São João da Cruz "Chama de amor viva" e "Noite escura".

sobre o qual, em diferentes momentos, adverte a Santa Teresa.[50] Sua poesia estaria mais próxima de uma "alquimia do verbo"[51]. É interessante notar, todavia, que não haveria nada de especificamente místico no anseio de tangenciar, e mesmo de "traduzir", uma experiência do inefável. O que é surpreendente, e o que faz com que as ressonâncias de seu canto possam produzir efeitos de certa deslocalização, é que o tipo de experiência que ele "traduz" não é uma experiência ordinária, ainda que os procedimentos de escrita dos quais se utilize sejam os procedimentos usuais da poesia.[52]

O impulso lírico e o abandono de si confluem, em sua experiência religiosa, com a formação doutrinal e apologética, em uma extensa obra em prosa, constituída por seus próprios comentários de seus poemas: *Cântico espiritual* – iniciado no período em que, no contexto da Contrarreforma espanhola, foi encarcerado, permanecendo recluso por nove meses (entre 1577-1578) –, *Subida do Monte Carmelo*, *Noite escura* e *Chama de amor viva*. Note-se que a metamorfose mística em João da Cruz não implica nenhuma transformação complementar ou igualdade entre os amantes.[53] Ele também não recorre a neologismos para exprimir o inexprimível, contenta-se com as palavras à disposição, limitando-se a um número reduzido delas, dotadas simultaneamente de uma profundidade e simplicidade que as fazem parecer novas. Tal efeito poético só seria possível num poeta para quem se encontrava, de um lado, o ideal poético renascentista de beleza e clareza, e de outro, a tradição mística medieval, voltada para a contemplação íntima.[54]

Se em sua leitura desses autores e obras, Lacan soube segui-los deixando-se tocar por seu mergulho no inenarrável, ele soube lê-las também em sua relação à época, à instituição eclesiástica e à linguagem. Ele dirá, seguindo o fio de sua teoria dos nós, que "Deus é propriamente o lugar onde [...] se produz [...] o dizer"[55]. Ou seja, Deus *é* porque depende do

---

50 Jossua, 1996, *op. cit.*, p. 90.
51 Milner, M. *Poésie et vie mystique chez Saint Jean de la Croix*. Paris: Le Félin, 2010. p. 61.
52 *Ibidem*, p. 10.
53 Spitzer, L. *Três poemas sobre o êxtase*. São Paulo: Cosac & Naify, 2003. p. 71.
54 *Ibidem*, p. 78-82.
55 Lacan, 1972-1973/1985, *op. cit.*, p. 62.

dizer, o que não implica que ele exista.[56] Ele formulará, ademais, que "Deus é não todo"[57]. Deus, não condiz, portanto, com a ideia totalizante do universal, nem tampouco com a ideia de paridade, de complementaridade, e todo tipo de metáforas que levariam ao casal, à cópula, em suma, à existência da relação sexual. Ao deus trinitário e uno do cristianismo, diz Lacan, melhor conviria a ideia do nó borromeano, formado por suas três consistências (real, simbólico, imaginário) e por um furo, o que nos leva a aproximar este Deus não-todo ao furo no Outro, em sua inconsistência, à dimensão que escreve com seu S(A̶).

Merecerá um desdobramento posterior as questões lançadas por Lacan ao final desta lição: "Esse gozo que se experimenta e do qual não se sabe nada, não é ele o que nos coloca na via da ex-sistência? E por que não interpretar uma face do Outro, a face Deus, como suportada pelo gozo feminino?"[58].

Concluirei o comentário desta lição com a leitura de "Hiatus irrationnalis", o poema endereçado em carta[59] datada de 6 de agosto de 1929 pelo jovem Lacan ao amigo Ferdinand Alquié[60], que se encontrava em agudo sofrimento amoroso ocasionado pela paixão por uma mulher, sentimento que ele próprio chamava de "obsessão".

---

[56] Sokolowsky, L. Le noeud R.S.I. et le non-rapport sexuel. *La Cause du Désir*, Paris, n. 105, p. 13-14, 2020.
[57] Lacan, J. À la lecture du 17 décembre (1974-1975). *La Cause du Désir*, Paris, n. 105, p. 15, 2020.
[58] Lacan, 1972-1973/1985, op. cit., p. 103.
[59] Filósofo e escritor, membro da Academia de Ciências Morais e Políticas, orientou Gilles Deleuze em sua tese intitulada *Spinoza e o problema da expressão* (1968). Compartilhava com Lacan o interesse comum pelo surrealismo. Publicou dezenas de livros, entre eles, *Philosophie du surréalisme* (Paris: Flammarion) em 1955.
[60] As cartas de Lacan a Alquié estão disponíveis em: https://escritosavulsos.com/1929/08/06/carta-alquie-3/. Ver também: https://escritosavulsos.com/1929/10/16/carta-alquie/.

Hiatus Irrationnalis[61]

Coisas, carreguem suor ou seiva no seu veio,
Formas, tenham da forja ou do sangue vindo,
Vossa torrente bate não meu devaneio,
Não cessando o desejo, as vou perseguindo,

Atravesso voss'água, despenco no esteio
Vai o peso do demo pensante gerindo;
Só, cai no duro chão que tem do ser o enleio,
O cego e surdo mal, o deus de senso findo.

Mas, se todos os verbos na goela definham,
Coisas, vindo do sangue ou da forja tenham,
Natureza – no fluxo elemental vou indo:

O que adormece em mim, vos edifica em cheio,
Formas, carreguem suor ou seiva no seu veio,
Vosso imortal amante, no fogo é que deslindo.

Deus e o gozo d'A Mulher: Lacan e Kierkegaard

HELENICE DE CASTRO:

Primeiramente, gostaria de agradecer à Lucíola Macêdo e à Elisa Alvarenga pelo convite para participar deste seminário, por conta e risco, que vem fazendo uma leitura minuciosa e rigorosa do Seminário 20 de Lacan.

---

[61] Lacan, J. Hiatus irrationnalis. *Derivas analíticas, Revista Digital de Psicanálise e Cultura da EBP-MG*, Belo Horizonte, n. 18, dez. 2022. Disponível em: https://www.revistaderivasanaliticas.com.br/index.php/hiatus.

Acredito que a ideia desse convite surgiu do trabalho que nós três desenvolvemos durante todo o ano de 2020 em torno da XXIV Jornada da EBP-MG e que teve como tema "Mutações do laço social: o novo nas parcerias". Como muitos aqui sabem, Elisa e Lucíola coordenaram essa Jornada, que culminou na publicação de um livro editado pelas duas. Nesse livro, tive a oportunidade de publicar um artigo com o seguinte título: "Lacan e Kierkegaard: a repetição demanda o novo".

Será, então, a partir desse trabalho que retomarei alguns pontos com os quais acredito contribuir para a nossa conversa de hoje sobre a sexta lição do Seminário 20. Parto, assim, da referência que Lacan faz a Søren Kierkegaard no Seminário 11, pois as elaborações que surgem em 1964 em torno do conceito de repetição parecem-me ser uma chave importante a nos guiar numa possível leitura das referências ao filósofo dinamarquês no Seminário *Mais, ainda*.

Antes de passar ao tema de hoje propriamente dito, trarei algumas curiosidades sobre a presença de Kierkegaard no ensino de Lacan. Localizamos a primeira referência já em 1948, no texto "A agressividade em psicanálise", e a última surge em 1975, no Seminário 22, *RSI*. Entre essas duas datas, Lacan cita mais de cinquenta vezes o nome do filósofo. Apesar dessa presença tão marcante – o que não deixa dúvida de que Lacan o leu de forma decidida –, não encontramos tantos textos que explorem essas referências lacanianas a Kierkegaard. Segundo Rodolphe Adam, teríamos duas razões para tal escassez de trabalhos sobre o uso de Lacan da obra desse pensador. A primeira seria a forma lacônica, fragmentária e seca das referências de Lacan, que acabaria por deixar o leitor sempre em suspenso quanto aos prós e contras das proposições do psicanalista sobre o filósofo. A segunda razão, correlativa à primeira, seria que esse meio-dizer de Lacan sobre Kierkegaard visaria manter certo estilo do próprio Kierkegaard, que se opunha a uma exposição sistemática e universitária, refutando, assim, as pretensões totalizantes do sistema hegeliano.

Aqui, talvez, já possamos extrair uma pista sobre o tema de hoje, pois na maneira formal de seu escrito, Lacan buscaria produzir uma tensão entre esses dois pensadores, a saber, Hegel e Kierkegaard, em torno da problemática da experiência analítica, para acabar por afirmar que "a verdade da formulação hegeliana, quem dá é Kierkegaard"[62]. Essa afirmação, que encontramos no Seminário 10, não deixa de ressoar o que Jacques-Alain Miller nos diz em seu curso *L'Un-tout-seul*, que, "no fundo, a mulher faz objeção a Hegel"[63], pois, por algum viés, ela se recusa ao truque da dialética. E me parece que foi com essa objeção da existência do feminino com que Kierkegaard se deparou e que Lacan tão bem soube apreender na obra desse filósofo.

Então, vamos ao percurso que preparei. Ele parte das elaborações de Lacan sobre a repetição na lição V do Seminário 11 para chegarmos à citação a Kierkegaard que encerra a lição VI do Seminário 20.

Tiquê e automaton

Em 1964, Lacan enuncia de forma entusiasmada a retomada que fará sobre o conceito de repetição. Ele nos diz: "O que tenho a lhes dizer agora é tão novo – ainda que evidentemente garantido pelo que articulei sobre o significante – que acreditei dever formular para vocês, desde hoje, sem guardar nenhuma das minhas cartas nas mangas, como entendo a função da repetição."[64]

Temos, assim, tanto o anúncio de algo novo sobre a repetição, como também que esse novo só será possível a partir do que já foi articulado sobre o significante. Portanto, já de partida é possível destacar que nessa torsão conceitual "o novo ex-siste ao velho"[65], ou mesmo que o novo resta irredutível ao que o precede, mas ao mesmo tempo dele emana.

Nessa retomada da noção de repetição, Lacan tomará emprestados de Aristóteles os conceitos de *automaton* e *tiquê*.

A noção de *automaton* servirá como embasamento da repetição via cadeia de significantes, onde vemos "os significantes retornarem, insistirem,

---

62 Lacan, J. *O seminário*, livro 10: *A angústia*. (1962-1963) Texto estabelecido por Jacques-Alain Miller. Rio de Janeiro: Jorge Zahar Ed., 2005. p. 35.
63 Miller, *L'Un-tout-seul*. Lição de 02/02/2011. (Inédito)
64 Lacan, J. *O seminário*, livro 11: *Os quatro conceitos fundamentais da psicanálise*. (1964) Texto estabelecido por Jacques-Alain Miller. Rio de Janeiro: Jorge Zahar Ed., 2008. p. 54.
65 Adam, R. *Lacan et Kierkegaard*. Paris: Presses Universitaires de France (Puf), 2005. p. 123. (Philosophie d'Aujourd'hui)

permutarem, serem solidários, se ordenarem, serem calculáveis"[66], como nos diz Miller.

Porém, doravante, Lacan ligará a repetição também ao encontro traumático de todo ser falante com o sexo, o qual introduz a dimensão de uma experiência no corpo indizível e inassimilável. Para ele, o trauma ganhará um estatuto mais além do imaginário e do simbólico, um estatuto de real. A repetição, determinada pelo trauma como real, ganhará o nome de *tiquê*.

A experiência analítica se daria, assim, nessa pulsação do inconsciente entre o automatismo da repetição dos significantes e o real do trauma em jogo na *tiquê*. Isso fará também com que a transferência seja agora não mais apenas um obstáculo imaginário a ser ultrapassado pelas elaborações simbólicas, mas nesse enlaçamento da repetição ao real do trauma, ela viria colocar em ato a realidade sexual do inconsciente. O corpo do analista encarnaria, portanto, essa dimensão traumática do sexual que emana da *tiquê*.

A repetição demanda o novo

É, então, nessa retomada dos quatro conceitos psicanalíticos fundamentais que Lacan fará referência a Kierkegaard, dizendo: "Assim Freud consegue dar solução ao problema que, para o mais agudo dos questionadores da alma antes dele – Kierkegaard –, já estava centrado na repetição"[67].

Lacan já havia mencionado o interesse de Kierkegaard pela questão da repetição no Seminário 2, ligando tal interesse a episódios da vida do filósofo que teriam gerado impasses subjetivos importantes, como o impedimento de seguir uma carreira religiosa institucional (tal como o irmão mais velho, que se tornou pastor) ou mesmo de se casar com a noiva, Regina Olsen.

Nessa mesma passagem do Seminário 2, Lacan menciona a viagem que Kierkegaard faz a Berlim logo após ter rompido o noivado com Regina. Essa viagem será descrita detalhadamente no livro *A repetição*: um ensaio em Psicologia Experimental, de 1843, pelo personagem Constantin Constantius, uma espécie de alterego do autor.

---

66 Miller, 2008-2009/2011, *op. cit.*, p. 175.
67 Lacan, 1964/2008, *op. cit.*, p. 65.

Como o próprio nome indica, Constantin Constantius tentará fazer o que Lacan chamará de uma experiência da repetição. Cito Lacan: "Ele retorna a Berlim onde, na ocasião de sua última estada, ele teve um infinito prazer, e ele recoloca seus passos dentro de seus passos. Vocês vão ver o que lhe acontece quando procura seu bem na sombra de seu prazer. A experiência fracassa totalmente."[68]

Constantin, como menciona Lacan, nessa segunda ida à capital da Alemanha, se hospedará no mesmo local, voltará aos mesmos restaurantes, assistirá às mesmas peças teatrais que tanto lhe agradaram numa primeira estadia, mas nada mais atrairá o seu interesse. Ele chega a comentar que até as piadas eram as mesmas, o que tornava tudo aquilo insuportável.

Kierkegaard chamará a atenção para o fracasso de seu personagem, que, ao buscar reencontrar o "mesmo no mesmo"[69], se torna vítima de seu próprio projeto. É quando, então, Constantin conclui:

> Foi então que uma vez após outra deitei mão à ideia de repetição e passei a me entusiasmar por ela [...], porque estou completamente convencido de que, se não tivesse viajado na intenção de me certificar sobre a repetição, ter-me-ia divertido muito, precisamente nas mesmas circunstâncias.[70]

Nessa lógica paradoxal entre a intenção do reencontro a partir das lembranças do que foi vivido prazerosamente e a surpresa do que pode surgir nessa busca, talvez possamos indagar se em Kierkegaard não haveria, mais além apenas de uma problematização sobre a repetição, para as quais posteriormente Freud daria a solução, algo que já apareceria como um pressentimento do real? Não poderíamos escutar na decepção de Constantin Constantius uma descrição do encontro com o real sempre faltoso? Esse real que resiste à rememoração e que, portanto, se coloca como impossível de ser capturado nas tramas do significante?

---

68 Lacan, J. *O seminário, livro 2: O eu na teoria de Freud e na técnica da psicanálise.* (1954-1955) Texto estabelecido por Jacques-Alain Miller. Rio de Janeiro: Jorge Zahar Ed., 2010. p. 124.
69 Kierkegaard, S. *A repetição*: um ensaio em Psicologia Experimental. (1843) Lisboa: Relógio D'Água Editores, 2009. p. 75.
70 *Ibidem*, p. 79.

Nessa direção, em que a *tiquê* não pode se produzir aí onde ela é esperada, retornando ao capítulo V do Seminário 11, Lacan se valerá da função do jogo para pensar a relação entre a repetição e o novo.

Ali, partindo da constatação de Freud quanto à posição da criança de obter um profundo prazer em exigir o mesmo, Lacan apresentará uma releitura do *fort-da* que introduz uma satisfação infantil com o novo que surge do imprevisto. Segundo Lacan, o que o jogo do neto de Freud demonstra é como o significante não alcança o real, fazendo com que a repetição se torne lúdica no que surge nela não passível de representação. Ou seja, uma história que se conta repetidas vezes a uma criança se torna prazerosa no que tal reprodução revela também o que escapa ao representável.

Portanto, nessa outra perspectiva, o efeito do desaparecimento da mãe se torna secundário, sendo o ponto que ela abandonou perto do filho o que ele vigia. Essa hiância introduzida pela ausência da figura materna (e que ficará para sempre aberta) aponta para a falha do significante em simbolizar essa ausência, o que faz com que o sujeito, diante desse fosso e reduzido ao silêncio, se apegue ao objeto. O carretel não é, então, a mãe reduzida a uma bolinha, nos diz Lacan, mas "alguma coisinha do sujeito que se destaca embora sendo ainda bem dele"[71].

É com esse objeto destacado e automutilado, mas que também condensa algo do gozo, esse objeto em sua condição de extimidade, que a criança saltará o fosso e onde começa o encantamento, poderíamos dizer, da produção dos sentidos fantasmáticos. A esse objeto, Lacan dará o nome de *a* minúsculo.

Com o objeto *a*, Lacan inventa algo que resta como excedente ao simbólico, mas que apesar de ser consequência da articulação significante, já não é mais ele mesmo significante.

Caberia aqui, portanto, indagar: se Lacan coloca na pena de Freud a solução para o problema da repetição em Kierkegaard, com a invenção do objeto *a*, não seria ele, Lacan, o verdadeiro responsável por esclarecer a articulação da repetição com o real?

---

71 Lacan, 1964/2008, *op. cit.*, p. 66.

Portanto, a repetição demanda o novo, pois o novo surge como o que escapa de gozo na relação do simbólico com o real impossível de ser significantizado e que se condensa no objeto *a*.

Talvez Regina, também ela, existisse...
Insistindo um pouco mais na seção 3 da lição V do Seminário 11, veremos Lacan se estendendo nas referências a Kierkegaard ao fazer menção ao livro *A repetição* como um relato de radiante leveza e ironia sobre as miragens do amor.

Nesse livro já comentado anteriormente, após retornar da viagem a Berlim, Constantin Constantius passa a ser confidente de um jovem recém-apaixonado. Constantin conclui, depois de escutar os relatos do rapaz, haver ali uma enganação do amor, pois ao custo de anular a jovem moça, o rapaz faz passar sua paixão narcísica por uma exaltação da parceira.

Com o retrato desse jovem que só se dirigiria a si mesmo "por intermédio da memória"[72], Kierkegaard, segundo Lacan, descobriria tanto a dimensão narcísica em jogo no amor como também a possibilidade de a parceira vir a ocupar o lugar de objeto *a* na fantasia amorosa.

Numa mesma lógica presente na viagem a Berlim, agora é no campo da relação amorosa que a busca por uma satisfação autoerótica perdida acontecerá, fazendo com que o outro seja amado como esse objeto da fantasia que a pulsão contorna e que compensa a falta-a-ser introduzida pela insuficiência simbólica.

Não será sem razão que Lacan apresentará nesse momento de seu ensino o real como o que retorna sempre ao mesmo lugar, pois o real aprisionado pelo sentido fantasmático faria do fetichismo a condição para um suposto encontro amoroso do lado do homem, bem como da erotomania a condição do lado da mulher.

A partir do impasse amoroso do jovem, a dimensão do neologismo lacaniano amuro brilha numa passagem de *A repetição* com toda a sua nitidez[73]:

---

72 *Ibidem*, p. 65.
73 Adam, 2005, *op. cit.*, p. 138.

> Fazer, a partir desse equívoco, uma relação real era-lhe impossível, algo que de facto deixaria a rapariga entregue a uma fraude perpétua. Explicar-lhe a troca, dizer-lhe que ela era apenas a forma visível, enquanto o pensamento dele, a sua alma, buscava outra coisa que ele transferia para ela, era algo que a magoaria tão profundamente que o orgulho dele se revoltava contra isso.[74]

Portanto, se para Kierkegaard as miragens de um amor romântico caem por terra, elas acabam levando junto também a idealização da busca pelo novo. Esse novo corruptível, que, por essência, não dura, faz com que o filósofo localize aí a razão do tédio e do enfado. Assim, a solução em Kierkegaard será inventar um "novo" novo, não mais efêmero e estético, categorias cruciais em suas elaborações, mas eterno e religioso. Esse novo no amor, mais além dos semblantes, apesar de manter a experiência corporal do desejo e do gozo, se dirigiria agora a Deus.

Dando um salto, e apenas a título de lançar algumas questões, como ler, a partir do que foi desenvolvido até aqui, a referência que Lacan faz a Kierkegaard nove anos depois, no final da lição VI do Seminário 20? Poderíamos extrair dessa passagem elementos que nos ajudem a avançar sobre a noção de um amor mais digno extraído de uma experiência analítica?

Nesse capítulo intitulado "Deus e o gozo d'A Mulher", Lacan dirá:

> Em outros termos, não foi por acaso que Kierkegaard descobriu a existência numa aventurazinha de sedutor. É ao se castrar, ao renunciar ao amor, que ele pensa ter tido acesso a isso. Mas, talvez, depois de tudo, por que não, Regina, também ela, existisse. Esse desejo de um bem ao segundo grau, um bem que não é causado por um *a* minúsculo, talvez fosse por intermédio de Regina que ele tinha sua dimensão.[75]

Em 1973, sustentado sobre a máxima da inexistência da relação sexual, o real é definido agora como sem lei, o que faz com que o gozo não

---

74 Kierkegaard, 2009, *op. cit.*, p. 42.
75 Lacan, 1972-1973/1985, *op. cit.*, p. 103-104.

possível de ser capturado pela imagem, significado pelo falo ou mesmo condensado no objeto *a*, se torna ele mesmo Outro para o sujeito. Esse gozo que se inscreve no sinthoma como o que do trauma se mantém indizível se torna o verdadeiro parceiro do falasser. É por essa via que Lacan aproximará esse gozo infinito, que chamará de feminino, das experiências de êxtase místico.

Lembrando aqui que Kierkegaard renuncia a se casar com Regina e vai buscar encontrar o novo no amor em sua relação com Deus, concluiríamos perguntando: qual a diferença entre o destino dado numa experiência analítica ao gozo feminino daquele extraído do êxtase no encontro com Deus? Ao se referir à existência de Regina, que não se reduziria ao objeto da fantasia, Lacan visaria marcar uma distinção da parceria que coloca em cena o Outro sexo daquela feita com Deus? No encontro com Regina, portanto, haveria uma via mais promissora de fazer valer o novo no amor a partir do parceiro-sinthoma?

À guisa de conclusão

Chama a atenção que nesses dois momentos cruciais de seu ensino, ou seja, o do Seminário 11 e o do Seminário 20, Lacan escolha a companhia de Kierkegaard.

Tudo indica que, para Lacan, Kierkegaard pôde, ao se haver com a distinção entre o ser e a existência, se deparar com a inexistência da relação sexual. Porém, o filósofo teria recuado diante de tal constatação por acreditar encontrar uma experiência mais além dos semblantes no encontro eterno com Deus.

VII
A SEXUAÇÃO

ELISA ALVARENGA:

Letra/carta de almor

Em primeiro lugar, comento o título desta lição, estabelecido por Jacques-Alain Miller, supomos, com o consentimento de Lacan, que ainda estava vivo e deu seu acordo para a publicação deste Seminário, já em 1975. O título em francês, mais econômico, é *Une lettre d'âmour*, que faz equivocar amor e alma. Na terceira parte desta lição, Lacan chama lalíngua em seu auxílio, não para lhe oferecer um homônimo, como *deux* e *d'eux*, ou *peu* e *peut*, mas lhe permitindo dizer que a gente alma. Falar de amor – não se faz outra coisa no discurso analítico. Eu *almo*, tu *almas*, ele *alma*. Podemos nos servir da escrita para incluir o *jamais j'âmais*. A alma permite a um ser suportar o intolerável do mundo, o que a supõe fantasista. A existência, portanto, da alma, pode ser posta em questão – e Lacan pergunta se a alma não seria um efeito do amor: enquanto a alma alma a alma, não há sexo na transação. Aristóteles desemboca, na sua procura do bem, na *filia*, que representa a possibilidade de um laço de amor – amizade – entre dois seres.

Retornaremos a esse ponto.

As fórmulas da sexuação

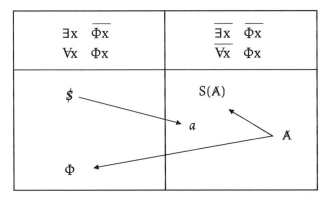

(Seminário 20, p. 105)

Voltemos ao início da lição VII, quando Lacan nos apresenta suas fórmulas da sexuação, construídas ao longo dos Seminários 18 e 19, avisando-nos para não compreendermos depressa demais. Lacan se interroga sobre o que é o real, sua existência, já que, como diz Miller, não é certo que o real tenha uma essência. E o que lhe permite pensar o real, no seu último ensino, é o gozo feminino. Ele seria fundamentalmente distinto do gozo masculino? Tratar-se-ia de um binarismo, a mulher com o gozo feminino e o homem com o gozo masculino? Justamente não, responde Miller. É certo que Lacan cerniu o próprio do gozo feminino em relação ao gozo masculino, em seguida aos Seminários 18, 19 e 20, e no seu escrito "O aturdito", mas Lacan teria ido além. Ele generalizou o que vislumbrou através do gozo feminino, fazendo dele o regime do gozo como tal.[1]

Então, quando Lacan recorre a escrituras lógicas para explicar como se dá a sexuação, ele coloca que todos os que se dizem homens caem sob o golpe da castração, o que ele escreve VxΦx, tendo no horizonte ao menos um que não se submeteria à castração: ∃x–Φx. Mas Lacan não escreveu, para o que concerne às mulheres, Vx–Φx. Ele escreveu, e é muito mais sutil, essa negação em cima do todo: não toda a mulher se submete à

---

[1] Miller, J.-A. *L'Un-tout-seul*. Curso de orientação lacaniana. Lição de 02/03/2011. (Inédito)

castração: $-\forall x \Phi x$. Há algo na mulher que escapa à castração. Tudo da mulher não está incluído na castração. Se escrevêssemos o contrário, $\forall x - \Phi x$, estaríamos numa lógica puramente binária e a mulher seria complementar ao homem como sua imagem invertida. Ao contrário, o lado feminino é estritamente dessimétrico: $-\forall x \Phi x$ diz que há algo nas mulheres que não é tomado na castração. E é aí que se situa o mistério do gozo feminino, para além do Édipo, e não apenas em benefício da mulher. Lacan o percebeu através da mulher, mas isso lhe permitiu perceber que não tudo no gozo obedece ao esquema freudiano. E é por ter generalizado esta fórmula: $-\forall x \Phi x$, que ele pôde destacar o que ele chamou de sinthoma. A partir do momento em que levamos as coisas à função fálica, Φx, constatamos que há um resto, não tudo responde a isso, somos obrigados a constatar que há no final o que Freud chamava de restos sintomáticos.

Então, voltando ao Seminário 20, temos quatro fórmulas proposicionais, em cima, duas à esquerda, duas à direita. Quem quer que seja ser falante se inscreve de um lado ou de outro. À esquerda, a linha inferior, $\forall x \Phi x$ indica que é pela função fálica que o homem como todo toma inscrição, exceto que essa função encontra seu limite na existência de um x pelo qual a função Φx é negada: $\exists x - \Phi x$. Função do pai, de onde procede pela negação a função $-\Phi x$, que funda o exercício do que supre pela castração a relação sexual que não é de nenhum modo inscritível. O que isso quer dizer? Que no regime masculino, freudiano, da sexuação, a não relação sexual é recoberta pela castração imputada ao Pai. Já na lógica, o todo repousa na exceção colocada sobre o Φx, negando-o integralmente.

Em frente, continua Lacan, vocês têm a inscrição da parte mulher dos seres falantes. A todo ser falante é permitido, qualquer que ele seja, provido ou não dos atributos da masculinidade – atributos que restam a determinar –, inscrever-se nesta parte. Se ele se inscreve nela, não permitirá nenhuma universalidade, será não-todo, no que tem a opção de se colocar na Φx ou de não estar nela. Junto com $-\forall x \Phi x$ temos a fórmula $-\exists x - \Phi x$, a negação da exceção. Por não haver uma exceção que funda o todo, estamos no regime do não-todo.

E Lacan insiste: tais são as únicas definições possíveis da parte dita homem ou mulher para quem habita a linguagem.

Embaixo, sob a barra transversal onde se cruza a divisão vertical do que se chama impropriamente a humanidade, no que ela se repartiria em identificações sexuais: do lado do homem, o $ e o Φ, que o suporta como significante, que se incarna também no S_1, significante do qual não há significado e que simboliza o fracasso do sentido. Esse $ só tem a ver, enquanto parceiro, com o objeto *a* inscrito do outro lado da barra. Só lhe é dado atingir seu parceiro sexual, que é o Outro, por intermédio de ele ser a causa do seu desejo. Isso não é nada mais que fantasia, suporte do princípio de realidade freudiano.[2]

Do outro lado, o que aborda, diz Lacan, é o que Freud deixou de lado: o que quer uma mulher? Para Freud, só há libido masculina. Um campo se acha assim ignorado, o de todos os seres que assumem o estatuto de mulher. É impropriamente que o chamamos a mulher, pois a partir do momento em que se enuncia pelo não-todo, não pode se escrever. Aqui o artigo definido a só existe barrado: A̸.

O Outro não é apenas o lugar onde a verdade balbucia, mas aquilo com que a mulher tem relação. Só temos testemunhos esporádicos disso. Por ser, na relação sexual, em relação ao que se pode dizer do inconsciente, radicalmente o Outro, a mulher é aquilo que tem relação com esse Outro. A mulher tem relação com o significante desse Outro na medida em que ele só pode continuar sendo sempre Outro. Não há Outro do Outro. O Outro, lugar onde vem se inscrever tudo que se pode articular de significante, é, em seu fundamento, radicalmente Outro. É por isso que esse significante do Outro marca o Outro como barrado: S(A̸). Esse A̸ não se pode dizer. Nada se pode dizer da mulher. A mulher tem relação com S(A̸) e é nisso que ela se duplica, que ela não é toda, pois por outro lado ela pode ter relação com Φ. Esse Falo, significante que não tem significado, se suporta no homem pelo gozo fálico – o que a importância da masturbação em nossa prática sublinha: o gozo do idiota, diz Lacan.[3] O gozo solitário.

Na relação com S(A̸), por outro lado, uma mulher é Outra para si mesma, na singularidade do Outro gozo. A flecha que vai em direção ao S(A̸)

---

2 Lacan, J. *O seminário*, livro 20: *Mais, ainda.* (1972-1973) Texto estabelecido por Jacques-Alain Miller. Rio de Janeiro: Jorge Zahar Ed., 1985. p. 108.
3 *Ibidem*, p. 109.

se dirige ao que do Outro é radicalmente Outro. Goza do que escapa à medida e encarna o gozo na infinitude. Sem o limite da exceção, demanda um signo de amor, sem mais certeza do que a de seu corpo gozante. Por isso "elas são loucas", e por sabê-lo Lacan pode colocar-se deste lado, junto a São João da Cruz, de quem ninguém duvida que seja um homem.[4]

Dessa primeira parte da lição VII podemos pensar então que os seres falantes podem inscrever-se na função fálica, localizando-se do lado dito masculino das fórmulas da sexuação, enquanto uma parte se inscreve não toda na função fálica, mantendo relação com um Outro gozo para além do gozo fálico. Esses dois lados das fórmulas não são complementares, o gozo não-todo fálico é suplementar ao gozo fálico, não complementar. Aqui falamos de lógica, de duas lógicas distintas: uma para todos os seres falantes e uma onde há algo mais, que Lacan situa do lado mulher. Para além de se apresentarem como homens ou mulheres, os seres falantes se inclinam de maneira singular em direção a um ou outro modo de gozar.

No entanto, se tomarmos o gozo suplementar como o gozo como tal, como propõe Miller, marca sintomática de cada ser falante, ele passa a ser para cada um e o gozo fálico é que se torna particular. Pode ou não se inscrever conforme a estrutura.

Psicanálise x psicologia

Na segunda parte desta lição, Lacan retoma o tema do amor, perguntando que sentido isso teria, já que seria pouco compatível com o parentesco do discurso analítico com o discurso da ciência. Lacan sempre situou o sujeito da psicanálise como sujeito da ciência, e mesmo postulou o parentesco do discurso da ciência com o discurso da histeria, dizendo que se trata do sujeito do significante sem o corpo. Miller mostra como Lacan diferenciou a psicanálise da magia a partir da causa eficiente, na magia, e da causa material, na psicanálise. Na magia o Xamã entraria com seu corpo, enquanto na psicanálise o corpo ficaria fora. No entanto,

---

4 *Ibidem*, p. 102-103.

ao entrar em seu último ensino, Lacan coloca em jogo o corpo falante, onde estão incluídos o inconsciente e o corpo que goza.[5]

Alexandre Koyré, aqui citado por Lacan, é o autor do livro *Do mundo fechado ao universo infinito*[6], onde traçou as etapas da revolução do espírito humano, ocorrida nos séculos XVI e XVII, que alterou o próprio quadro e padrões de nosso pensamento, da qual a ciência e a filosofia moderna são ao mesmo tempo raiz e fruto. Essa revolução está relacionada à destruição do cosmos e à geometrização do espaço. A destruição do cosmos, para Koyré, deve ser entendida como a substituição da concepção do mundo como um todo finito e bem ordenado, no qual a estrutura espacial materializava uma hierarquia de perfeição e de valor, por um universo indefinido, ou mesmo infinito, não mais unido por subordinação natural, mas unificado apenas pela identidade de seus componentes. A geometrização do espaço, por sua vez, deve ser percebida como a substituição da concepção aristotélica do espaço, conjunto diferenciado de locais intramundanos, pela do espaço da geometria euclidiana – extensão essencialmente infinita e homogênea –, a partir de então considerada como idêntica ao espaço real do mundo.

Podemos presumir que aqui Lacan se serve de Koyré e de suas reflexões sobre a ciência para ir além da ontologia aristotélica e da ideia de um Deus como motor imóvel e esfera suprema. Que haja um ser tal que todos os outros seres teriam como visada serem o mais ser que eles possam ser, aí estaria o fundamento da ideia do Bem na ética de Aristóteles, da qual Lacan aponta os impasses.

Pode a psicanálise ser alheia à ciência que impõe a subversão do conhecimento e uma forma de laço social em que falar de amor é perder tempo? Isso conduz ao princípio do prazer, que se funda na coalescência entre a e $S(\cancel{A})$, que designa para Lacan o gozo da mulher. Ele propõe uma cisão: separar A, o simbólico, suporte do que um dia foi feito Deus, de a, aqui o imaginário, reflexo do semelhante ao semelhante, sendo o objeto a desprendido da imagem especular. Esse resto não especularizável do

---

5 Miller, *L'Un-tout-seul*. Lição de 09/03/2011. (Inédito)
6 Koyré, A. *Du monde clos à l'univers infini*. Paris: Gallimard, 1973.

qual se goza na fantasia, suporte do desejo, fica situado nessa reverberação chamada alma.[7]

Essa imagem que anima a função do ser é levada ao mais alto na escala dos seres até confundir o Ser supremo, A, o grande Outro, com a alma racional no alto da escala dos seres criados à imagem e semelhança com Deus. É nesse lugar opaco do gozo do Outro, desse Outro no que ele poderia ser, se ela existisse, a mulher, que está situado esse Ser supremo, manifestamente mítico em Aristóteles, diz Lacan, essa esfera imóvel de onde procederiam todos os movimentos. É na medida em que seu gozo é radicalmente Outro que a mulher tem mais relação com Deus do que tudo que se pôde dizer na especulação antiga sobre o bem do homem.[8]

Séculos mais tarde, a psicologia é a cisão não efetuada entre o Outro barrado e o *a* como resto: não há resto. A psicologia se dirige à vontade do indivíduo, a consciência guia seus atos, nada sabe dos espelhismos a partir dos quais se fala. O êxito dos livros de autoajuda remete ao Outro que saberia o que devo fazer para retificar minha vida, diz Carmen Táboas.[9] O indivíduo aristotélico (matéria/corpo e forma/alma) não se divide. A fantasia da consciência permite imaginá-lo acessível e moldável segundo o princípio do prazer. Se a alma é forma do corpo e o homem pensa com sua alma, pode-se explicar todo comportamento a partir de uma ética do bem, bastaria imaginar sua regulação pelo sistema nervoso. É o que vemos nas terapias cognitivo-comportamentais, mescladas com elementos da psicanálise em suas diferentes versões. A psicologia tenta tampar o furo do Outro, S(A̶), com o objeto *a*. Ou seja, tenta tampar o furo mesmo do inconsciente.

Então, o *a* pode prestar-se à confusão com o S(A̶) – ambos situados do lado direito das fórmulas da sexuação – pelo viés da função do ser. É aqui que um descolamento, uma cisão, resta a fazer, para que a psicanálise seja algo completamente diferente de uma psicologia, em que o ser de desejo pode vir obturar a função de furo no saber.[10]

---

7 Táboas, C. G. *El amor, Aún*. Buenos Aires: Grama, 2020. p. 123.
8 Lacan, 1972-1973/1985, *op. cit.*, p. 111.
9 Táboas, 2020, *op. cit.*, p. 123.
10 Lacan, 1972-1973/1985. *op. cit.*, p. 112.

Amor e gozo

Falar de amor, diz Lacan, não se faz outra coisa no discurso analítico.[11] E a razão de sua emergência em um determinado ponto do discurso científico é que falar de amor é, em si mesmo, um gozo. Dizer não importa o que, regra da associação livre, leva ao princípio do prazer, sem nenhuma necessidade de acesso às esferas superiores que estão no fundamento da ética de Aristóteles. O princípio do prazer, diz Lacan, funda-se na coalescência do *a* com o S(A̶). Se com S(A̶) Lacan designa o gozo da mulher, é ali que ele aponta que Deus ainda não se retirou. Aí está o que Lacan escrevia como Carta de almor, traduzido em português como Letra de uma carta de almor. Pois *lettre*, em francês, é letra e é carta. A aproximação entre a alma e o amor (*âmour*) permite a Lacan colocar em questão a existência da alma. Ela não seria um efeito do amor? A alma alma a alma, não há sexo nessa relação. O sexo não conta nesse caso.[12]

Nos capítulos VIII e IX da *Ética a Nicômaco*,[13] Aristóteles enaltece o amor de amizade (*filia*), pois o amigo se compraz no ser e na vida de seu amigo como na sua própria. Há reciprocidade no desejo do bem, cada um reconhece o outro como amável com um amor afastado de Eros e do amor paixão, tanto como da utilidade e do prazer. O amor em *Mais, ainda* não é assunto de sexo, mas nunca está afastado de Eros e do amor paixão, ao passo que Aristóteles supõe que amar sucede aos homens bons e iguais em bens e em virtude. A *filia* representa a possibilidade de um laço de amor entre dois seres que, pela coragem em suportar a relação intolerável ao Ser supremo, se reconhecem e se escolhem. Essa transa é *homossexual*, diz Lacan. Homossexual quer dizer que ela rejeita o Outro enquanto *Heteros*, suporte do não-todo. É o que faz a posição masculina, seja ela do homem ou do sujeito histérico. Por isso, Lacan diz que chamaremos heterossexual aquele que ama as mulheres,[14] qualquer que seja o seu sexo.

---

11 *Ibidem*.
12 *Ibidem*, p. 113.
13 Aristote. *Étique de Nicomaque*. Paris: Flammarion, 1965. p. 31-34.
14 Lacan, J. O aturdito. (1972) In: Lacan, J. *Outros escritos*. Rio de Janeiro: Jorge Zahar Ed.,

Mas as mulheres também são almorosas, elas almam a alma. O que pode ser essa alma que elas almam em seu parceiro, no entanto homo até o pescoço, no sentido de não alteridade, mas de igualdade? Isso só pode conduzi-las à histeria, ou seja, a bancar o homem, por serem *homossexuais* ou *ex-sexo* também elas, no impasse de se mesmarem no Outro.[15]

Para que a alma consiga ser, é importante diferenciá-la da mulher: a mulher, a gente a dif...ama, a gente a diz fama. O que de mais famoso restou das mulheres é o que delas se pode dizer de infamante, diz Lacan. Resta a honra de Cornélia, mãe dos Gracos, personagem da Roma antiga que fez de seus filhos suas joias. Ou seja, resta a honra da mulher enquanto mãe. Tomando uma mulher por sua alma, ela se reduz ao ser da ordem do universal, uma vale como todas, diz Lacan.[16]

O amor cortês

Lacan faz então alusão ao amor cortês, que aparece no momento em que o divertialmento (*âmusement*) homossexual teria caído na suprema decadência, nessa espécie de mau sonho impossível da feudalidade. A esse nível de degenerescência política, do lado da mulher, alguma coisa não podia mais funcionar. Ou seja, para Lacan o amor cortês aparece quando a norma do gozo masculino com sua norma fálica excluía o gozo hetero. O amor cortês brilhou como um meteoro, e restou enigmático. Se no Seminário 7, *A ética da psicanálise*, Lacan falava do amor cortês como paradigma da sublimação, "elevando o objeto à dignidade da Coisa"[17], essa era uma maneira de elevar o objeto à dignidade da Causa, introduzindo sua relação com o real.

Trata-se de uma nova ética do erotismo, na qual o desejo avança em direção a *das Ding*, ultrapassando as proibições e contrariedades. O amor cortês escreve as regras de comportamento em direção à Dama, que prescrevem as etapas requeridas para aceder ao objeto. Sustenta-se

---

2003. p. 467.
15 Lacan, 1972-1973/1985, *op. cit.*, p. 114.
16 *Ibidem*, p. 114-115.
17 Lacan, J. *O seminário, livro 7: A ética da psicanálise*. (1959-1960) Texto estabelecido por Jacques-Alain Miller. Rio de Janeiro: Jorge Zahar Ed., 1988. p. 141.

o prazer de desejar, de experimentar um desprazer, valorizando sexualmente os estados preliminares do ato de amor. O acesso ao gozo é possível por meio de uma transgressão do desejo de maneira calculada, com mensagens clandestinas, risco e sofrimento. É preciso encontrar os véus necessários para aproximar-se da Dama.

Lacan retorna ao amor cortês várias vezes ao longo do seu ensino e finalmente no Seminário 20 dirá, como vimos da última vez, que é uma maneira refinada de suprir a ausência de relação sexual, fingindo que somos nós que lhe pomos obstáculo.[18]

Retomando o que Helenice de Castro trouxe sobre Kierkegaard e Regina, que talvez também existisse,[19] podemos pensar que o que Lacan introduz aí é essa nova forma que toma o objeto, a Dama, como figura do desejo do Outro heterogênea à norma masculina regulada pela fantasia. Nova forma de resposta ao impossível da relação sexual e ao mal-estar das mulheres.

"O poeta vaga de noite e inesperadamente esquece seus planos e cálculos, deixa de lado a razão. Os gemidos e a emoção incham seu peito. Se ela me visse... se ela pudesse ver minha alma por dentro!" A que ele ia cercando com sua rede, o objeto do seu cálculo, no entanto, existia, posto que causava nele a comoção que o invade, o amor que transpassa seu corpo e seus sentidos. Não se intui na ficção do *Diário de um sedutor*[20] esse gozo que encaminhou Kierkegaard para a ex-sistência? Já não um gozo causado pelo objeto *a*, já não o gozo que o homem obtém na usina da fantasia, mas "um bem em segundo grau", um Bem iluminado pela cruel lâmpada de Psiquê. Antes de ver-se descoberto, o Eros poeta deve fugir, diz Carmen Táboas.[21] Como Søren Kierkegaard havia fugido desse gozo seu do qual soube "graças ao ser da significância", porque Regina existia. O ser da significância, lemos em *Mais, ainda*[22], quer dizer o que de lalíngua ferve nos corpos; isso não tem outro lugar que o lugar do Outro da palavra. Algo Outro, algo ex ao rumor das palavras, que as excede,

---

18 Lacan, 1972-1973/1985, *op. cit.*, p. 94.
19 *Ibidem*, p. 103-104.
20 Kierkegaard, S. *Le journal du séducteur*. Paris: Gallimard, 1943.
21 Táboas, 2020, *op. cit.*, p. 246.
22 Lacan, 1972-1973/1985, *op. cit.*, p. 93, 103.

toma o corpo e o arrasta para o indizível: o poeta geme, treme. O corpo incha. Gozo feminino que não é só das mulheres, embora o seja muitas vezes. Esse gozo que se sente e do qual nada se sabe, não é o que nos põe sobre a via da ex-sistência? "E porque não interpretar uma face do Outro, a face Deus, como suportada pelo gozo feminino?" – pergunta Lacan.[23]

Assim, tomando Kierkegaard como exemplo do amor cortês a partir de sua renúncia a Regina e de seu *Diário de um sedutor*, não teríamos algo próximo do que Lucíola trouxe da última vez sobre o gozo místico sustentado na escrita?

Gozo da fantasia e gozo feminino

Lacan diz que o homem tem relação com o objeto *a* e que toda a sua realização quanto à relação sexual termina em fantasia. Nas perversões, o objeto *a* aparece como causa. Por exemplo, o brilho no nariz do fetichista freudiano.[24] Quando se é homem, vê-se na parceira aquilo em que se baseia narcisicamente, ou seja, o objeto que é colocado no Outro. Os neuróticos sonham com esse objeto, que vão buscar no Outro.

Lacan distingue os dois termos que figuram do lado feminino das fórmulas da sexuação, o objeto *a*, que se relaciona com o Φ, do lado masculino, e que vai progressivamente tomando a forma de semblante, e S($\cancel{A}$), que representa o gozo feminino para além do falo, indizível.

A questão então é saber em que consiste o gozo feminino, na medida em que ele não está todo ocupado com o homem, e mesmo, não se ocupa dele de modo algum. Em alguma parte no Outro, isso sabe, porque isso se baseia nos significantes de que o sujeito se constitui. O corpo é feito para uma atividade, e a entelequia desse corpo, sua tendência a realizar-se segundo leis próprias, passando da potência ao ato, se suporta com essa substância que ele chama de alma, aquilo que anima o corpo.

Para o ser falante, habitado pelo significante, tudo se joga no nível da fantasia. Ele sabe muito mais do que crê saber quando age, mas isso não

---

23 *Ibidem*, p. 103.
24 Freud, S. Fetichismo. (1927) In: Freud, S. *Neurose, psicose, perversão*. Belo Horizonte: Autêntica, 2016. p. 315. (Obras incompletas de Sigmund Freud)

basta para que tenhamos o princípio de uma cosmologia. A psicanálise, na medida em que sua possibilidade passa pelo discurso da ciência, não é uma cosmologia. A mulher só pode amar no homem a maneira como ele enfrenta o saber com que ele alma – ele ama o objeto *a*. Mas há algo em seu gozo sobre o qual ela não pode dizer. Ela é sujeita ao Outro, tanto quanto o homem. Outro que vai além do saber, como alteridade absoluta.

Empédocles, filósofo pré-socrático (495-430 a.C.), propôs poderes que denominou Amor e Ódio, que misturam e separam os quatro elementos: fogo, ar, água e terra. O Amor (*filia*) explica a atração, e o Ódio (*Neikos*), sua separação. Lacan diz que Deus seria para Empédocles o mais ignorante de todos os seres, por não conhecer o ódio: isso não cola, diz Lacan, pois não conhecer o ódio é não conhecer o amor. Quanto mais o homem se prestar, para a mulher, à sua confusão com Deus, aquilo de que ela goza, menos ele odeia e menos ele é (*hait, est*). Como não há amor sem ódio – vejam em Freud na teoria das pulsões: o ódio é anterior ao amor, pois resulta da rejeição do que é estranho ao eu, que ama o que lhe dá prazer[25] –, menos o homem odeia, menos ele ama.[26]

Ser e existir

O fio lógico desta lição – se podemos dizer assim, recheada de alma e na qual Lacan busca diferenciar o objeto *a* de S(A̶), indo além da sua proposição do objeto *a* como objeto da ordem do real, em direção ao que ele afirmará explicitamente na lição VIII, que o objeto *a* tem caráter de semblante[27] – visa tomar distância da ontologia do Ser supremo aristotélico. É o que aponta Miller[28] ao referir-se a uma fala de Lacan na lição III do Seminário 11, onde menciona a interrogação de Jacques-Alain Miller acerca de sua ontologia.[29] Lucíola já trouxe da última

---

25 Freud, S. Os instintos e suas vicissitudes. (1915) In: Freud, S. *Edição Standard Brasileira das Obras Psicológicas Completas de Sigmund Freud*. v. XIV. Rio de Janeiro: Imago, 1974. p. 161.
26 Lacan, 1972-1973/1985, *op. cit.*, p. 120.
27 *Ibidem*, p. 121, 124.
28 Miller, *L'Un-tout-seul*. Lição de 09/03/2011. (Inédito)
29 Lacan, J. *O seminário, livro 11: Os quatro conceitos fundamentais da psicanálise*. (1964) Texto estabelecido por Jacques-Alain Miller. Rio de Janeiro: Jorge Zahar Ed., 1985. p. 33.

vez a resposta de Lacan a Nancy e Lacoue-Labarthe, que também lhe imputaram uma ontologia.

Trata-se de mostrar que a substância *a*, que anima o corpo, não é a última palavra sobre o gozo, feminino, que Miller qualificará de gozo como tal. Esse objeto, presente na fórmula da fantasia e nas fórmulas da sexuação, causa do desejo, por um lado, e mais-de-gozar, por outro, aparece na "Proposição de 9 de outubro de 1967 sobre o psicanalista da Escola" como o referente latente do matema do sujeito suposto saber.[30]

Vemos, assim, Miller apontar, nas diversas ocasiões em que uma ontologia é imputada a Lacan, este se defender dessa imputação: "a primeira emergência do inconsciente que é de não se prestar à ontologia"[31], "donde declinei ter que sustentar minha visão de qualquer ontologia"[32]. Lacan se mostra envergonhado de sua ontologia. Miller explica que Lacan tinha um problema com a ontologia, a doutrina do ser, e que essa questão se regra pelo recurso a uma ôntica. Na ontologia trata-se do ser, a ôntica concerne ao ente, o que é. O que está em jogo neste caminho de Lacan é a categoria do real, indispensável para um manejo justo da experiência analítica. Essa categoria só se destaca com a condição de cernir e limitar a função do ser.

Se, no primeiro ensino de Lacan, com a palavra, tudo é possível, no último ensino há um real que resiste ao dizer. O que em Freud é a floresta das pulsões torna-se em Lacan a clareira dessa floresta, o isso, um lugar do ser, um lugar ontológico. Mas também um lugar de falta-a-ser, um vazio, $, a clareira queimada no seio da floresta. No primeiro ensino, não se trata de um lugar do gozo. A Coisa fala e responde à palavra interpretativa. Já no último ensino temos o significante separado da significação, que se aproxima da matemática. A pergunta de Lacan é então: como, a partir da linguagem, agir sobre o gozo?[33]

No segundo movimento do ensino de Lacan, diz Miller, entre o inconsciente e o gozo há uma espécie de mediador, o objeto pequeno *a*,

---

30 Lacan, J. Proposição de 9 de outubro de 1967 sobre o psicanalista da Escola. (1967) In: Lacan, J. *Outros escritos*. Rio de Janeiro: Jorge Zahar Ed., 2003. p. 254.
31 Lacan, 1964/1985, *op. cit.*, p. 33-34.
32 Lacan, J. Radiofonia. (1970) In: Lacan, J. *Outros escritos*. Rio de Janeiro: Jorge Zahar Ed., 2003. p. 424.
33 Cf. Miller, *L'Un-tout-seul*. Lição de 09/03/2011. (Inédito)

que está em relação com o campo da linguagem e que, ao mesmo tempo, condensa o gozo. O objeto *a* está no lugar da significação, e mesmo do efeito de sentido. Então, o significante tem efeitos de sentido, mas também efeitos de gozo. Lacan chama de objeto *a* o que, do gozo, é determinado, cernido, pelo significante. Trata-se do estatuto do objeto *a* como real.[34]

Já temos aí uma mobilização do corpo, pois o significante, em vez de produzir uma cadeia de sentido, produz gozo no corpo. E é através da lógica que Lacan mobiliza o significante, não mais retórico, mas matemático, para cernir e agarrar o gozo. Isso se desenvolve em três etapas, diz Miller: a lógica da fantasia, os quatro discursos e, finalmente, as fórmulas da sexuação. Lacan vai pouco a pouco passando das cadeias de sentido e dos discursos, onde há permutação dos termos e lugares, para um uso da lógica, nas fórmulas da sexuação, onde ele modifica os símbolos do que se chama a quantificação: existe x, para todo x, as funções, a negação e a conjunção.

Na passagem da lição VII para a lição VIII, Miller considera que Lacan não pôde sustentar o objeto *a* na abordagem do real ao modo do objeto matemático, pois ele permanece definido como um objeto sensível. Parece-me que é nesse lugar que ele aparece na lição VII: objeto da fantasia, ser, e mesmo alma, que anima o corpo. Porque o objeto *a*, apesar de tudo, quer dizer alguma coisa, ele não é, no fundo, da ordem do real. Assim, na lição VIII, Lacan dirá que o objeto *a* não é mais do que um semblante de ser.[35] É o que parece dar seu suporte ao ser, princípio da ontologia. O segredo da ontologia é que o ser não é mais do que um semblante. Ser não é a mesma coisa que existir.

Esta cisão entre o ser e o existir se manifestou para Lacan, segundo Miller, quando ele foi conduzido a interrogar o significante Um, quando ele formulou no Seminário 19: Há Um! Ele se inscreve, assim, numa tradição totalmente diferente da ontologia, doutrina do ser, a partir do Parmênides de Platão e da tradição da henologia, doutrina do Um na qual os neoplatônicos se esforçavam por pensar o Um para além do ser

---

34 *Ibidem*.
35 Lacan, 1972-1973/1985, *op. cit.*, p. 135.

e da essência, por pensar o Um como superior, anterior, independente em relação ao ser. O Um sobre o qual Lacan centrou sua interrogação, a partir das matemáticas, é o significante Um, do qual se pode dizer, utilizando os quantificadores: $\exists x\text{-}\Phi x$.

Definir algo dizendo quais são suas propriedades ou seus atributos não é suficiente para assegurar seu estatuto de existência. Desde que falamos, fazemos ser alguma coisa. O ser pode ser apenas sombras e reflexos. Para se situar aí, foi preciso distinguir o que tem sentido. Se o ser está no nível do sentido, a questão é então saber o que existe. Não é suficiente dizer para que isso exista, diz Miller.[36]

A lição VIII do Seminário 20 seria o momento em que se torna patente que Lacan renuncia à referência ao ser, à ontologia, inclusive à sua ontologia modificada, para privilegiar o registro do real. O começo do uso do nó borromeano é o desenvolvimento do seu Há Um, que é a apresentação sob forma matemática do que ele diz no Seminário 20: "O nó borromeano é a melhor metáfora de que nós só procedemos do Um"[37]. Procedemos do campo da linguagem, ao mesmo tempo que Lacan renuncia à ontologia para desenvolver uma ôntica, que concerne ao que existe. Na ontologia partimos do sentido e acredita-se que é suficiente para fazer ser. Uma ôntica parte do que há e é difícil encontrar sentido. E a única ôntica permitida ao psicanalista é a ôntica do gozo, diz Miller. Podemos dizer: Há o gozo, mas para o que é do sentido, ele continua a fugir.[38]

---

36 Miller, *L'Un-tout-seul*. Lição de 09/03/2011. (Inédito)
37 Lacan, 1972-1973/1985, *op. cit.*, p. 174.
38 Miller, *L'Un-tout-seul*. Lição de 09/03/2011. (Inédito)

VIII

Saber ler o ponto opaco do gozo

LUCÍOLA MACÊDO:

Iniciarei destacando a imensa complexidade e riqueza desta lição, em que Lacan, de um só golpe: 1) confere ao objeto *a* o estatuto de semblante[1] e enfatiza a dificuldade dos conceitos quando se trata de cernir o que é do campo do real; 2) aponta para a contingência da função fálica, questão que será desenvolvida por Elisa a partir da experiência do passe; 3) retoma o tema da linguística mediante as intervenções de Jean-Claude Milner em "A posição do linguista"[2], e de François Recanati, seguidas de um comentário: ele agradece a Milner por ter esclarecido sobre "o ponto atual da falha que se abre na própria linguística"[3], a partir da qual havia proposto, no ano anterior (em *Estou falando com as paredes*), a grafia de lalíngua numa só palavra: "era mesmo aquilo pelo que eu me distingo do estruturalismo"[4], diz ele, na medida em que com lalíngua explicita a diferença em relação à linguística estrutural, a de Saussure e a de Jakobson – quanto ao primeiro, anuncia que a partir de então escreverá esse termo saussuriano, lalíngua, numa única palavra, para marcar que o inconsciente não tem a ver com a gramática, mas com a lógica,[5] ponto crucial ao qual retornaremos; 4) com Recanati, retoma o estatuto da mulher como não-toda, não apenas do lado da lógica clássica,

---

1 Lacan, J. *O seminário*, livro 20: *Mais, ainda*. (1972-1973) Texto estabelecido por Jacques-Alain Miller. Rio de Janeiro: Jorge Zahar Ed., 1985. p. 129.
2 Milner, J.-C. *Arguments linguistiques*. Paris: Mame, 1973. p. 179-217.
3 Lacan, 1972-1973/1985, *op. cit.*, p. 137.
4 *Ibidem*, p. 138.
5 Lacan, J. *Estou falando com as paredes*: conversas na Capela de Sainte-Anne. Rio de Janeiro: Jorge Zahar Ed., 2011. p. 29-30.

da objeção ao universal fundada em uma particularidade que o contradiz, o que corresponderia ao lugar da exceção (onde permanecemos na lógica aristotélica), cujo horizonte é aquele da finitude (do gozo fálico), mas a partir do outro gozo, que é da ordem do infinito. Nessa perspectiva, o não-todo comporta a existência de algo que se produz a partir de uma negação e de uma contradição, simultaneamente, o que a rigor se constitui como "existência indeterminada", ou seja, uma existência "excêntrica à verdade"[6].

"A posição do linguista" e a do psicanalista

Retomo os passos dados até este momento no que concerne a um dos eixos em torno dos quais Lacan desenha seu percurso neste seminário, a saber, os seus movimentos de aproximação e distanciamento em relação à linguística estrutural, para situar alguns pontos fundamentais. Para tanto, seguiremos as elaborações de Milner em um texto que retoma e avança em relação à intervenção feita por ocasião de sua participação no seminário de Lacan, e que considero essencial por sua precisão e clareza. Trata-se de "Linguística e psicanálise"[7].

Nesse texto, Milner ressalta que as relações entre a psicanálise e a linguística não são simples: não se reduzem a um único tipo e estão em movimento, pois estes saberes se transformam. Entretanto, a complexidade do tema não arrefece seu desejo decidido de lançar sobre ele algumas luzes, marcando entre linguística e psicanálise um primeiro divisor de águas que se mostrará precário ao final deste mesmo texto: 1) Saussure havia excluído de seu campo tudo o que era do foro da fala [*parole*] como lugar de emergência do sujeito, ou seja, "as dimensões da linguagem que mais importam à psicanálise são justamente aquelas de que a linguística não trata"[8]. Assim, a psicanálise se constitui nos limites

---

6 Lacan, 1972-1973/1985, *op. cit.*, p. 140.
7 Milner, J.-C. Linguística e psicanálise. *Revista Estudos Lacanianos*, Belo Horizonte, v. 3, n. 4, 2010. Disponível em: http://pepsic.bvsalud.org/scielo.php?script=sci_arttext&pid=S1983-07692010000100002.
8 *Ibidem*.

da linguística – uma vez admitido que limite implica também contato constante. Para designar essa relação de proximidade e de heterogeneidade, Lacan forjou, em *Mais, ainda*, um neologismo, a *linguisteria*; 2) sabe-se que a psicanálise passa pelo exercício da fala; sabe-se, também, que a linguística exclui de seu objeto as marcas da emergência subjetiva, mas não é menos verdade que os dados de que a linguística trata apresentam-se a ela como palavras proferidas por sujeitos. Ou seja, a fala constitui a matéria daquilo que a linguística manipula; os dados que o linguista encontra e os dados que o analista encontra se forjam, portanto, de uma mesma substância.[9]

Entretanto, Milner ressalta que: 1) quanto à forma, a língua pode permitir a proposição de uma analogia estrutural que esclareça o funcionamento de processos inconscientes; 2) quer se trate de forma ou de substância, as línguas funcionam como observatórios do inconsciente, a exemplo da maneira pela qual a psicanálise se ampara nas obras literárias e nas obras de arte, em geral. Isto não acontece no intuito de desenvolver-se a partir daí uma psicanálise aplicada. É justamente do inverso: trata-se "tal faceta de uma obra como uma psicanálise em ato. Para Freud e para Lacan, o psicanalista não tem de interpretar Shakespeare ou Molière, ele tem de aceitar que Shakespeare e Molière interpretam. Da mesma maneira, exatamente, pode acontecer que a língua em si mesma possa, por uma ou outra de suas singularidades – uma etimologia, um paradoxo semântico, uma homofonia etc. –, interpretar o sujeito falante; a tomada da análise consiste somente em ouvir e a fazer ouvir essa interpretação"[10]; 3) o papel decisivo que a linguística estrutural ganha para Lacan nos anos 1960/1970 não tem a ver com resultados empíricos, mas com decisões teóricas, onde o que está em jogo, naquele momento, são duas concepções distintas do inconsciente. As precisões aportadas por Milner quanto a este ponto, nos ajudam a ler uma nova nuance em torno do contexto da publicação de *O título da letra*: uma leitura de Lacan, sobre o qual nos debruçamos na lição VI. Ele a formula nos seguintes termos: "o inconsciente se deixa pensar de

---

9 *Ibidem*.
10 *Ibidem*.

maneira corpuscular e mecânica, ou ele deve ser pensado de maneira ondulatória e dinâmica?"[11]

Como esclarece Milner, a segunda posição foi recuperada por Gilles Deleuze e Félix Guattari com a chamada "teoria dos fluxos". Inversamente, a novidade da doutrina freudiana – continuamente mantida e acentuada por Jacques Lacan – promove uma concepção corpuscular do inconsciente. Mas uma nova questão se coloca: o corpúsculo de que se trata deve ser pensado nos moldes dos corpúsculos cuja existência se pode reconhecer na natureza? Freud parece ter acreditado que sim. Ele havia procurado do lado do neurônio o modelo para uma teoria científica da psicologia. Aos olhos de Lacan, é preciso que se proponha um outro modelo de inteligibilidade para os corpúsculos.

Com o advento de uma linguística científica, as línguas se definem unicamente a partir de uma teoria da distintividade. Milner o exemplifica: nessa teoria não se diz mais que, em francês, "b" é sonoro e que, por essa razão, é distinto de "p"; diz-se, inversamente, que "b" é distinto de "p" e que, somente por essa razão, ele pode ser dito, sonoro. Ou seja, afirma-se que existe uma diferença que precede as propriedades. Antes de Saussure, são as propriedades que fundam as diferenças; depois de Saussure, é a diferença que funda as propriedades. Esta será a base da doutrina de Lacan em 1953 no "Discurso de Roma", tal como lido por Milner a partir da linguística: é possível enunciar as características de um corpúsculo não-físico, quer se articule à língua no sentido estrito, quer se articule a um processo inconsciente. Este corpúsculo é uma entidade negativa, opositiva e relativa. É assim que Lacan ordena, naquele momento, a teoria do inconsciente segundo a instância do Um e da causalidade (metonímica), que encontraria, na linguística estrutural, uma metodologia. Ele dispõe, com a linguística estrutural, de uma teoria geral dos tipos de relação possíveis que se estabelecem entre corpúsculos não-físicos (sintagma e paradigma, de Saussure; metáfora e metonímia, de Jakobson), a partir da qual, em "A instância da letra no inconsciente ou a razão desde Freud", irá propor a sua própria formalização.

---

11 *Ibidem*.

É a partir desses pressupostos que Lacan sustentará, naquele momento, que o inconsciente é estruturado como uma linguagem. Uma linguagem definida como um conjunto em que a metáfora e a metonímia funcionam como leis de composição interna, como um caso particular de uma noção mais geral, o que, para os estruturalistas, se define como estrutura. Mas como ressalta Milner, Lacan jamais admitiu essa solução (a da estrutura), que tem o defeito de colocar o acento nas totalidades. Em lugar da estrutura, ele coloca o acento no elemento, ou seja, no significante, como aquilo que não tem existência e propriedades senão por oposição, relação e negação. Pois bem, no dispositivo posto em prática a partir do "Discurso de Roma", a linguística permite uma nova teoria do Um e da causalidade, mas esse dispositivo não se sustentará por muito tempo, uma vez que a própria linguística sofre mudanças: o elemento linguístico passará a ser postulado, no interior do próprio campo, como um ser positivo ordinário, e não mais como um conjunto de relações opositivas. A linguística retornará à sua configuração clássica: as propriedades precedem a distinção/diferença. Não será mais verdade que, na língua, só haja diferenças. Tal mudança de modelo será encampada por Noam Chomsky. Com isto, a linguística não mais poderá garantir a doutrina corpuscular do inconsciente, a qual deverá se desenvolver de maneira autônoma e encontrar em si própria os seus fundamentos.

Tal exigência marcará, a partir de 1967, o recurso de Lacan à lógica. Esse movimento terá sua consumação no Seminário 20, *Mais, ainda*. Nessa ocasião, a ciência linguística é evocada mais uma vez, só que para estabelecer que, legítima em sua ordem, ela não teria mais como legitimar o que quer que seja da doutrina do significante. A postulação de lalíngua, por sua vez, permitirá pensar o que faz com que a linguagem (encarnada em cada língua singular) não se esgote ou se reduza ao significante (como conjunto das propriedades mínimas de uma linguagem).

A partir deste ponto, há outro texto crucial, que, havendo com Milner colocado as bases epistemológicas da questão, recomendo fortemente, pois toma o problema a partir daí e agrega ao debate um acento político. Trata-se de "Teoria de lalíngua (rudimento)", pronunciamento de Jacques-Alain Miller apresentado em sessão plenária por ocasião do Congresso da École Freudienne de Paris, que naquele ano foi sediado em Roma (em homenagem ao "Discurso de Roma", proferido vinte anos antes por Lacan). O texto foi publicado em 1974, ainda sob os efeitos e as ressonâncias daquele debate no âmbito do seminário de Lacan (Miller menciona o texto "A posição do linguista", de Milner). O título reafirma a existência de uma teoria da linguagem em Lacan, que tem no Seminário 20 sua pedra fundamental: a teoria de lalíngua.

Vejamos algumas passagens cruciais do aporte de Miller ao tema, naquele texto: 1) A linguagem não é lalíngua; na tese saussuriana de que na linguagem há apenas diferenças, cada termo é definido em relação aos outros, constituindo um sistema, ou seja, um todo – este é o caso da estrutura. No entanto, para Lacan, *nada é tudo*. É isso que Lacan escreve com seu S(A̶): se há apenas diferenças, se um elemento se coloca apenas ao se diferenciar de um outro, em não importa qual todo, *um* será a menos,[12] e na teoria de lalíngua é preciso considerar, não os sistemas fechados, mas *a multiplicidade inconsistente* (a partir do lógico Alfred Tarski, na esteira de Cantor). Um conjunto é uma multiplicidade consistente, que se diferencia de uma multiplicidade infinita e inconsistente, esta que desfaz o vínculo entre o Ser e o Um, que serve de apoio na teorização do significante que não se integra ao universo de discurso como um ponto irredutível, ao que resiste às substâncias e suas definições, como S(A̶). Em Lacan, "não se encontrará nada, senão círculos viciosos, categorias que penetram umas nas outras, como um acordeão – em certo sentido todas são as mesmas, em outro, podem se diferenciar, talvez, no infinito. Mais vale guardar no bolso sua navalha de Occam"[13], diz Miller. Ele acrescenta: a verdade nessa lalíngua "não pode ser definida – ela encontra-se aí em ato, livre, desencadeada. Não há mestre do significante, a não ser derrisório, o *clown*, o bufão... Isso também pode se dizer assim: não há discurso que não seja de semblante"[14].

---

12 Miller, J.-A. Teoria d'alíngua (rudimento). In: Miller, J.-A. *Matemas I*. Rio de Janeiro: Jorge Zahar Ed., 1996. p. 65. A edição citada usa o termo alíngua. Ela é anterior ao momento em que lalíngua se tornou consenso no âmbito do Campo Freudiano e da Associação Mundial de Psicanálise, motivo pelo qual decidiu-se unificar o uso do termo neste livro, mesmo quando se trata de uma citação.
13 *Ibidem*, p. 67.
14 *Ibidem*.

Tendo-se chegado a este ponto, Lacan formula na última lição de *Mais, ainda*: "A linguagem, sem dúvida, é feita de lalíngua. É uma elocubração de saber sobre lalíngua. Mas o inconsciente é um saber, um saber-fazer com lalíngua. E o que se sabe fazer com lalíngua ultrapassa de muito o de que podemos dar conta a título de linguagem. Lalíngua nos afeta primeiro por tudo que ela comporta como efeitos que são afetos"[15]. A homofonia é seu motor. Dizer "lalíngua" em uma única palavra é designá-la pelo som, por isso que ela é anterior ao significante-mestre.[16] Lacan não fez economia em seus últimos seminários dos usos da significância, abraçando as escritas forjadas sob a égide do não-todo, em suas múltiplas expressões. Ele as absorveu e incorporou em seu estilo e em sua prática através de uma miríade de neologismos, ao invés de conceitos, o que demarca a um só tempo o fim da hegemonia do simbólico e a sua objeção à ontologia.[17]

Um bom exemplo dessa perspectiva, em poesia, encontra-se no trabalho do poeta e performer Ghérasim Luca, para quem o uso da palavra no âmbito da linguagem conceitual só poderá ter um sentido, ou dois, o que mantém a sonoridade prisioneira: "quebre-se a forma onde ela se colou e novas relações aparecem"[18]. Para Luca, o poema é um lugar de operação, pois ali a palavra é submetida a uma série de mutações sonoras, em que cada uma de suas facetas é capaz de liberar uma multiplicidade de sentidos. Laura Erber enfatiza que o tratamento dado à palavra na poesia de Luca "assinala de que modo a passagem do escrito à performance vocal do poema guia-se pela necessidade de liberar a sonoridade, não como um fim em si mesmo, mas como um gesto que permite uma abertura sígnica em que um sentido não mais exclui o outro, como no dicionário

---

15 Lacan, 1972-1973/1985, *op. cit.*, p. 190. A edição citada usa o termo alíngua. Em razão dos motivos explicitados na nota 12 deste capítulo, substituímos alíngua por lalíngua em todas as suas ocorrências.
16 Miller, 1996, *op. cit.*, p. 69.
17 Cottet, S. Um bem dizer epistemológico. *Opção Lacaniana, Revista Brasileira Internacional de Psicanálise*, São Paulo, n. 82, p. 73-74, abr. 2020.
18 Luca, G. *apud* Erber, L. A poesia é um silenciofone: aspectos da palavra em Ghérasim Luca. *Outra travessia, Revista de Literatura*, Florianópolis, n. 16, p. 183, 2013. Disponível em: https://periodicos.ufsc.br/index.php/Outra/article/view/2176-8552.2013n16p181.

ou como no modelo paradigmático saussuriano. A eficácia dessa poética deve-se, justamente, ao fato de que nela o poeta já não se coloca simplesmente como um escritor, mas como um interventor, alguém que age sobre a palavra, abrindo-se a matéria sensível da linguagem.[19]

Amódio

Lacan retoma nesta lição as dobras entre ódio e amor, movimento já iniciado desde as lições anteriores. Ao invés de tomá-los em uma "grosseira polaridade"[20], prefere seguir o caminho menos óbvio, à espreita das nuances, das zonas de indeterminação e das ambivalências. Na lição VI, ele formulou que o amor tem sua contrapartida no ódio como correlato de uma dessuposição de saber como condição para a leitura. Para ser bem lido, não convém que se leia com demasiado amor. Aqui não há polaridade, ódio e amor estão intricadamente enodados ao ato de leitura. No final da lição VII, seguindo o fio posto na lição anterior, ele explicita a articulação do par amor – ódio a um terceiro termo, o saber. Nesta lição ele agrega um quarto termo, e no contexto das questões em jogo, o mais fundamental, o gozo: "o saber vale justo quanto ele custa, ele é custoso, ou gustoso, pelo que é preciso, para tê-lo, empenhar a própria pele, pois que ele é difícil, difícil de quê? – menos de adquiri-lo do que de gozar dele"[21].

Mas não haveria como, no arco de seu ensino, deixar de evocar a ignorância, que ao lado do ódio e do amor, norteia a gramática lacaniana das paixões do ser, desde o Seminário 1, *Os escritos técnicos de Freud*, passando por "Variantes do tratamento-padrão" (1955) e "A direção do tratamento e os princípios de seu poder" (1958). Lacan desenhará, em seu seminário inaugural, o que chama de "pequeno diamante da transferência": um poliedro irregular composto da sobreposição de duas pirâmides, cujo plano mediano representa a superfície do real, comparado por ele a um diamante de seis faces. Na pirâmide superior estão representados os aspectos conscientes do laço transferencial; na pirâmide inferior, seus

---

19 Erber, 2013, *op. cit.*, p. 183.
20 Lacan, 1972-1973/1985, *op. cit.*, p. 111.
21 *Ibidem*, p. 130.

aspectos inconscientes, estes que são postos em marcha pelo advento da fala em análise, e onde situa as três paixões fundamentais como um fato atinente à estrutura da transferência. Ele provê essa estrutura aparentemente fixa de uma propriedade surpreendente: não há correspondência entre os dois planos do diamante, pois as palavras introduzem aí um oco, um buraco. Ademais, nomeia este buraco segundo a maneira pela qual o encaramos, "o ser ou o nada", ambos ligados aos fenômenos da fala e da linguagem em psicanálise. Na dimensão do ser situará neste momento, estamos em 1953-1954, a tripartição entre simbólico, imaginário e real, inscrevendo em suas arestas, na junção entre os três registros, dois a dois, as três paixões fundamentais: na junção do simbólico e do imaginário, o amor; na junção do imaginário e do real, o ódio; e na junção do real e do simbólico, a ignorância.

Às paixões do ser, Lacan agrega, na década de setenta, e notadamente em "Televisão", as paixões da alma. Ele o faz em franco diálogo com Aristóteles em *De anima*, para quem a alma se define, nos termos de Lacan, como a suposição da soma de suas funções no corpo.[22] As paixões da alma concernem ao saber na medida em que o elemento libidinal se encontra afetado pelo saber.[23] O gaio saber se opõe à tristeza e ao saber triste. A felicidade tem algo a ver com o mau humor, com esse toque de real, que irrompe na cena dos afetos indicando que, sendo o real disjunto do significante, a coisa não vai. O entusiasmo já não se encontra na beatitude ou no amor *Intellectualis Dei*, afeto puramente epistemológico, que consiste, para Espinoza, na alegria que acompanha a ideia de Deus como causa.

Já a indiferença e o desprezo são vertidos por Lacan, ao evocar Marx, Lênin, Freud e a ele próprio, em *despreço* – o que denuncia certo desinteresse pelo Outro e por seu saber, apontando para o horizonte de sua destituição e de sua inconsistência: "os sujeitos não sabem tudo, e ao nível deste 'não-tudo' não há, senão, o 'Outro a não saber'"[24].

---

22 Lacan, J. Televisão. (1973) In: Lacan, J. *Outros escritos*. Rio de Janeiro: Jorge Zahar Ed., 2003. p. 511.
23 Miller, J.-A. *Seminario sobre política de la transferencia: la transferencia negativa*. Barcelona: ECFB, 1999. p. 67.
24 *Ibidem*, p. 133.

Donde advém, não o analista sábio de suas paixões, ou apático (ao modo estoico), mas o analista assediado pelas paixões que suscita e para as quais não haverá sossego jamais.[25] Lacan reintroduz as paixões para pensar o final da análise, justo neste momento em que o sujeito vai ao encontro de uma radical ausência de garantias. Momento este em que já não se identifica com o objeto do fantasma fundamental e nem tampouco com o analista, e no qual o saber tem algo de derrisório, de resto caído em face à iteração do mesmo, do incurável do *sinthome*.

Como bem o indica Jacques-Alain Miller,[26] Lacan, em seu derradeiro ensino, não situa o saber do lado do progresso, e nem mesmo do despertar. O saber é o que confere uma legibilidade ao real, e "saber ler de outra maneira"[27] comporta sempre algo de arbitrário, aleatório e contingente. Tal leitura implica a produção do vazio como aquilo que se acrescenta à ressonância. O significante, neste registro, não veicula sentidos.[28] Ele forja uma materialidade simbólica no campo do real por meio da letra, com seu efeito de furo; ou como jaculação, ao portar em si, a partir do vazio de significação, o "valor do ardente"[29]. Isto produz um efeito de sentido no real, que no Seminário 24 terá o estatuto de um significante novo, como cifra real do gozo do sinthoma, que já não provém do Outro. Nessa perspectiva, o que se espera de uma análise não é uma posição prevenida de se manter à distância, ou ainda, aquela do psicanalista mortificado pelo significante e esvaziado de paixões, mas uma abertura desejante, que colocará o sujeito o mais próximo possível daquilo que, em sua experiência das paixões, o divide. O que se manifesta de maneira irrefreável, neste momento do ensino de Lacan, é a presença ineludível de um corpo que se goza, na esteira da

---

25 Miller, J.-A. *Extimidad*. (1985-1986) Buenos Aires: Paidós, 2010. p. 466.
26 Miller, J.-A. *Perspectivas do Seminário 23 de Lacan: O sinthoma*. (2006-2007) Rio de Janeiro: Jorge Zahar Ed., 2009. p. 189.
27 Lacan, J. *Le séminaire, livre XXV: Le moment de conclure*. (1977-1978) Texte établi par Jacques-Alain Miller. Lição de 10/01/1978. (Inédito)
28 Miller, 2006-2007/2009, *op. cit.*, p. 183.
29 Laurent, É. Disrupção do gozo nas loucuras sob transferência. *Opção Lacaniana, Revista Brasileira Internacional de Psicanálise*, São Paulo, n. 79, p. 61, jul. 2018.

inscrição do desejo como contingência corporal[30] e do sintoma como acontecimento de corpo.[31]

Lacan forja um neologismo para nomear esse tipo de experiência não "polarizada" do par amor – ódio, marcada pelo gozo: hainamoration (amódio, odiomoramento...): "O que [...] eu gostaria de escrever hoje como a *hainamoration*, uma enamoração feita de ódio (*haine*) e de amor, um *amódio*, é o relevo que a psicanálise soube introduzir para nele inscrever a zona de sua experiência"[32].

As aporias do amor e do ódio, do saber e da verdade, encontram-se atadas ao gozo: no que se refere à verdade, o gozo é um limite, "[...] toda a verdade é o que não se pode dizer. É o que só se pode dizer com a condição de não levá-la até o fim, de só se fazer semi dizê-la"[33]. O saber é menos uma questão de amar e/ou odiar, que de gozar; o que convoca num mesmo giro sua objeção à ontologia, e o giro do ser à existência. Se ser se articula à verdade, na perspectiva da existência, há o gozo. A partir daqui será preciso formular o estatuto da fala e da linguagem em análise de modo que possam acompanhar esse giro do ser à existência.

É para esta direção que Lacan aponta, ao final desta lição, ao evocar a "imputação do inconsciente como um ato de incrível caridade", que, com a cura pela fala, desloca a pergunta "Quem sabe?", para "O que sabe?", permitindo aos seres falantes dizerem de sua miséria, de seu sofrimento e infortúnio, no lugar da busca vã de uma sabedoria absoluta, inatingível, sempre fadada ao fracasso. Ao colocar o amor no centro da experiência ética como uma erótica, ele abre a via de acesso ao gozo, e com esta via, o ódio, o mal, e todos os afetos que colocam em xeque a universalidade monolítica do amor ao próximo, este a quem, diz Lacan, "Freud se recusa a amar além de certos limites"[34]. É mesmo nisso que o judaísmo se separa do cristianismo, uma vez que na tradição judaica

---

30 Lacan, 1972-1973/1985, *op. cit.*, p. 126.
31 Lacan, J. Joyce, o Sintoma. In: Lacan, J. *Outros escritos*. Rio de Janeiro: Jorge Zahar Ed., 2003. p. 565.
32 Lacan, 1972-1973/1985, *op. cit.*, p. 122.
33 *Ibidem*, p. 124.
34 *Ibidem*, p. 135.

se descobre que ao invés de fazer-se dele (Javé) um "ser-de-ódio", é bem melhor traí-lo, ocasionalmente.

Se foi preciso renovar a função do saber, é porque o ódio não foi posto, em relação ao saber, em seu devido lugar: "É aí que a análise nos incita a esse lembrete de que não se conhece nenhum amor sem ódio"[35], diz Lacan ao evocar Empédocles lido por Aristóteles: "Deus era para Empédocles o mais ignorante de todos os seres, por não conhecer de modo algum o ódio. É o que os cristãos mais tarde transformaram em dilúvios de amor"[36].

O comentário de Lacan sobre a transformação pelos cristãos do "não-ódio de Deus numa marca de amor"[37] merece uma leitura mais cadenciada, o que faremos no decorrer das próximas lições. Este giro remete à "Coisa freudiana" e ao Seminário 7, *A ética da psicanálise*, ou seja, à extimidade do gozo, e, na esteira de Kant, ao problema do mal, mas também da verdade e da traição, amplamente abordados por Lacan naquele seminário.

Aos deslizamentos entre amar-odiar-trair, Lacan agregará, de modo um tanto enigmático, outra tríade: entre o objeto *a* como semblante de ser, mais precisamente, o objeto olhar, o ódio-ciúmes (*jalouissance*) e o gozo do ciúme, o "gozume"[38], aquele que se "imagenizaria" (*imageaillisse*) com o olhar. Não por acaso, mergulhará no Barroco na lição seguinte.

De volta ao começo para concluir

O que Lacan demonstra com a figura triangular anteposta à primeira página desta lição? De modo bastante sintético, ele diz que: *a*, S(A̶) e Φ não tocam o real, que só poderia se inscrever por um impasse da formalização.[39] O triângulo constituído por três flechas em que: 1) o Imaginário se dirige ao Simbólico, onde situa o verdadeiro e o S(A̶) como a impossibilidade de dizer toda a verdade; 2) do lado oposto, o Real se dirige ao

---

35 *Ibidem*, p. 122.
36 *Ibidem*, p. 120.
37 Lacan, 1972-1973/1985, *op. cit.*, p. 122
38 *Ibidem*, p. 135.
39 *Ibidem*, p. 125.

Imaginário, onde temos a realidade e o Φ – "a pouca realidade" em que se baseia o princípio do prazer que faz com que tudo o que seja permitido abordar da realidade reste enraizado na fantasia; 3) e, na base do triângulo, o Simbólico dirigindo-se ao Real, que demonstra a verdadeira natureza do objeto *a*, "como aparência de ser", e mesmo "suporte do ser", no lugar de semblante. O real se desenhará como uma abertura entre o semblante e a realidade, "tal como ela se baseia no concreto da vida humana"[40]; dentro do triângulo e no interior da figura que representa essa abertura contém uma letra maiúscula J (Gozo), demarcando que se trata de algo de uma ordem distinta e indicando que uma abertura ao real, portanto, só poderia ser formulada a partir do gozo. O significante, o S(A̶), Φ e *a* servem de suporte à linguagem:

> Se me fosse permitido dar-lhe uma imagem, eu a tomaria facilmente daquilo que, na natureza, mais parece aproximar-se dessa redução às dimensões de superfície que a escrita exige, e de que já se maravilhava Espinosa – esse trabalho de texto que sai do ventre da aranha, sua teia. Função verdadeiramente milagrosa, ao se ver, da superfície mesma surgindo de um ponto opaco desse ser estranho, desenhar-se o traço desses escritos, onde perceber os limites, os pontos de impasse, os becos sem-saída, que mostram o real acedendo ao simbólico.[41]

ELISA ALVARENGA:

Sobre a contingência do falo

I

Gostaria de trazer uma contribuição à leitura feita por Lucíola desta lição VIII do Seminário 20, "O saber e a verdade", centrada no início da segunda parte, onde Lacan introduz a "contingência do falo" associada ao final da experiência analítica. Mais precisamente, associada ao passe, na

---

40 *Ibidem*, p. 128.
41 *Ibidem*, p. 125-126.

medida em que, na maioria dos passes, é uma contingência que permite ao analisante concluir.

É ao ponto mais opaco de seu gozo que o falasser deve se afrontar, onde o real sem lei comanda, com seus tropeços, quedas, recuos, curtos-circuitos, travessias do deserto, onde o corpo segue seu caminho antes que o sujeito reconheça seus próprios pontos de impossível.[42] É preciso tempo para que um acontecimento imprevisto venha mostrar ao sujeito suas marcas. É por girar em torno do furo do real, sem o suporte da presença do Outro, que surge um acontecimento, frequentemente através de um sonho, que mostra a falha entre a verdade e o real. Surge um significante através do qual o sujeito se extrai do Outro, deixando restos e articulando-se ao Outro de outra maneira. Um encontro contingente com o que resta inassimilável à estrutura do Édipo não é sem relação com o furo de origem.

Trarei dois fragmentos de testemunhos de passe, de um homem e uma mulher, que mostram a passagem do gozo fálico ao não-todo, a partir de uma contingência.

O primeiro é um sujeito obsessivo, que tendia a proteger-se contra a ausência de pênis na mãe negando-a através de suas vacilações, dúvidas e hesitações. Esse AE[43] nos conta como o encontro com a loucura incidiu em sua formação, pois, confrontado com a loucura materna, ele havia escolhido ser médico com o desejo de curar o Outro. Ser médico recobria a posição de ser o único capaz de curar a loucura do Outro materno, identificando-se ao falo materno como obturador da castração. Sua primeira análise conclui-se, então, com um efeito de desidentificação fálica e a passagem de uma posição terapêutica a uma posição analítica.

Sua última análise, percorrendo várias voltas em torno desse ponto, como sugere Lacan no Seminário 11,[44] terminou com a produção de um novo significante, um S_1 de um novo estilo: "a-calçadeira-sem-medida",

---

[42] Vinciguerra, R.-P. La passe, contingente. Les modalités de la passe au XXIe siècle. *Opção Lacaniana, Revista Brasileira Internacional de Psicanálise*, São Paulo, n. 52, p. 133-135, set. 2008.

[43] Gorostiza, L. O gnômon do psicanalista. *Opção Lacaniana online nova série*, São Paulo, ano 2, n. 4, p. 1-12, mar. 2011.

[44] Lacan, J. *O seminário*, livro 11: *Os quatro conceitos fundamentais da psicanálise*. (1964) Texto estabelecido por Jacques-Alain Miller. Rio de Janeiro: Jorge Zahar Ed., 1985. p. 258.

um semblante surgido do próprio gozo, um oximoro. Trata-se do índice de um gozo impossível de negativar, não regulado pela castração, que não cai sob o golpe de $-\varphi$, e que remete a um gozo sem medida relatado por ele em sua infância. Uma tendência a ingerir um excesso de doces e guloseimas que lhe causava fortes enxaquecas levava sua mãe a dizer: "Esse menino não tem medida!"

Em "O aturdito", Lacan faz menção à medida da castração: depois de ter lembrado que Freud formulou a função fálica, diferentemente de Freud, ele repete que "não imporia às mulheres a obrigação de medir com a calçadeira da castração o estojinho encantador que elas não elevam ao significante, mesmo que a calçadeira, por outro lado, ajude não somente o significante, mas também o pé"[45]. E Lacan conclui: "Que a calçadeira se recomende por isso é, portanto, uma decorrência, mas que elas possam prescindir desta deve ser previsto, não só no MLF, que está na moda, mas também por não existir relação sexual"[46]. Entendo que a relação com um homem não é obrigatória, mas mesmo na relação com um homem o encontro é contingente.

"O que calça é a castração, na medida em que ela calça o gozo. É a castração que faz o gozo entrar na norma, na medida. E é alguma coisa de um gozo impossível de negativar que remete ao incomensurável do feminino."[47]

Um sonho surge, então, na última parte de sua análise:

> Um programa quimioterápico seria administrado a um grupo de pessoas, formado por duplas. Há inúmeros pares de sapatos, e um par um pouco deformado se destaca do resto. Uma mulher não se confunde com o grupo formado por homens. Ele se dirige a ela encolerizado, pois é terrível submeter essas pessoas a um programa quimioterápico comum, sem consideração pelas particularidades de cada câncer.

---

45 Lacan, J. O aturdito. (1972) In: Lacan, J. *Outros escritos*. Rio de Janeiro: Jorge Zahar Ed., 2003. p. 465.
46 Ibidem.
47 Miller, J.-A. Dialética del todos y del uno. In: Miller, J.-A. *De la naturaleza de los semblantes*. (1991-1992) Buenos Aires: Paidós, 2008. p. 71-84.

Os sapatos evocam os pares S_1-S_2, e o par deformado é associado com a "incomensurável beleza das botinas de Van Gogh", citação de Lacan do Seminário 7. Já o câncer é associado com essa incurável doença do falasser que é a linguagem. Uma mulher se distingue dos pares de homossexuais. Dali em diante, S_1 e S_2 não calçam mais, como faziam, seus pensamentos: a «calçadeira sem medida» serve para descalçar. Uma vez feita a experiência da desidentificação fálica, ela é um S_1 particular que torna possível a experiência do incomensurável do gozo feminino, impossível de negativar, na contingência do encontro com o impossível da relação sexual.

Isso quer dizer que o Φ, significante do gozo impossível de negativar, é sinal da contingência de um encontro com o que não cessa de não se escrever da relação sexual. Assim, a aparente necessidade da função fálica se revela ser apenas contingência. A "calçadeira sem medida" é um objeto paradoxal que assinala, para este AE, o impossível calçamento entre o verdadeiro e o real.

II

No seu texto "Sobre la fuga del sentido", onde comenta a "Introdução à edição alemã de um primeiro volume dos *Escritos*"[48], Miller nos diz que a contingência pode permitir situar um real não apreendido pelo matema. Em lugar de uma fórmula, faz-se a demonstração da impossibilidade a partir da contingência. Daí um real se manifesta e pode se verificar. Se só é verdadeiro o que tem um sentido,[49] e se a fuga do sentido é algo da ordem do real,[50] só é possível tocar o real, ao final da análise, a partir da contingência.

Uma mulher não é toda, diz Lacan, uma parte da mulher é marcada pelo falo, pela castração, mas ela não é toda fálica ou toda castrada. A essência da feminilidade não é a castração,[51] mas a castração é condição para a feminilidade. Se, para ser mulher, é preciso passar pela castração, seria

---

48 Lacan, J. Introdução à edição alemã de um primeiro volume dos *Escritos*. (1973) In: Lacan, J. *Outros escritos*. Rio de Janeiro: Jorge Zahar Ed., 2003. p. 556.
49 Lacan, J. *O seminário, livro 23: O sinthoma*. (1975-1976) Texto estabelecido por Jacques-Alain Miller. Rio de Janeiro: Jorge Zahar Ed., 2007. p. 112.
50 Miller, J.-A. Sobre la fuga del sentido. *Uno por Uno*, Barcelona, n. 42, p. 23, 1995.
51 Cf. Lacan, J. *O seminário, livro 19: ...ou pior*. (1971-1972) Texto estabelecido por Jacques-

lógico dizer que o falo é necessário, e não contingente, para o feminino. Necessário, embora não suficiente. Porque Lacan fala então, no Seminário *Mais, ainda*, de contingência do falo, ao final da experiência analítica?

Tomar o falo como um significante, como o fez Lacan, é tomá-lo como o significante da falta de pênis, da castração. "Que o falo seja um significante impõe que seja no lugar do Outro que o sujeito tem acesso a ele. Mas, como esse significante só se encontra aí velado e como razão do desejo do Outro, é esse desejo do Outro como tal que se impõe ao sujeito reconhecer [...]."[52] A experiência do desejo do Outro é decisiva, não pelo fato de o sujeito ter ou não ter o falo, mas pela apreensão que o Outro não tem.[53]

Ora, ser o falo ou ter o falo não são suficientes para pensar o final da análise de uma mulher. Desde 1958 Lacan nos indica que a mulher encontra o significante do seu desejo no corpo do homem a quem endereça sua demanda de amor. Castrada, ela o é desde a origem; a dificuldade vem de sua relação com a castração do Outro, que presentifica o desejo do Outro. Já nos anos 70, o que está em questão para Lacan não é o desejo do Outro, mas o Outro como alteridade e lugar de gozo do falasser.

A aparente necessidade da função fálica se descobre ser apenas contingência, diz Lacan, que leva a relação sexual a ser, para o ser falante, apenas o regime do encontro.[54] A análise cessa de não escrever o falo, contingência na qual encontra seu termo, pois tudo o que ela pode produzir é S_1. Veremos como, na análise de uma mulher, essa contingência se apresentou, permitindo à analisante, em seguida, concluir.

O sujeito já encontrara o falo, na experiência, de diversas maneiras. A experiência da privação fálica leva à demanda de amor, ainda dirigida ao semblante paterno, até que, com a queda deste último, surge o objeto libidinal. Passa à demanda de satisfação, onde predomina a atividade pulsional. É então que, para seu desconcerto, um sonho vem surpreendê-la:

-Alain Miller. Rio de Janeiro: Jorge Zahar Ed., 2012. p. 45.
52 Lacan, J. A significação do falo. (1958) In: Lacan, J. *Escritos*. Rio de Janeiro: Jorge Zahar Ed., 1998. p. 700.
53 *Ibidem*, p. 701.
54 Lacan, 1972-1973/1985, *op. cit.*, p. 126-127.

rouba uma fórmula, um pedaço de papel em branco, das mãos de um homem, portador dos sinais do desejo sexual na ostentação fálica. Suposta ensinar-lhe como fazer existir a relação sexual, esta fórmula não lhe ensina, no entanto, o que quer. É um momento crucial da análise, onde lê a revelação da inexistência da relação sexual, desmentida pela ereção fálica. O inconsciente engana. Ele tenta desmentir o fato de que o Outro é castrado com o homem portador do falo. O que cai, com esta mostração do falo, é a ilusão de que o Outro tem algo que lhe falta. É o falo como obstáculo à relação sexual que se revela ao sujeito nessa fórmula que não existe.

Segue-se o encontro com o feminino, correlativo da produção do desejo do analista. Cessa a demanda, na parceria amorosa, no momento em que o sujeito se encontra com figuras da verdadeira mulher. O produto deste encontro, contingente, é uma analista depurada do imperativo de curar, e uma mulher aliviada da busca, insaciável, do significante da mulher.

Concluindo: na dificuldade de sustentar-se na instabilidade da função fálica, no encontro com o homem que serve de conector, como diz Lacan, para que a mulher se torne Outro para ela mesma,[55] uma mulher pode querer buscar um que a garanta. A relação ao falo lhe é recomendada, mas não obrigatória. É consentindo em passar pelo falo, consentindo à posição de objeto causa de desejo para um homem, que uma mulher encontra S($\cancel{A}$), um gozo para o qual não há significante. Por isso, dizemos que o falo é contingente. É consentindo ao falo, que então cessa de não se escrever, que consente, ao mesmo tempo, ao impossível da relação sexual que não cessa de não se escrever.

---

[55] Lacan, J. Diretrizes para um Congresso sobre a sexualidade feminina. (1960) In: Lacan, J. *Escritos*. Rio de Janeiro: Jorge Zahar Ed., 1998. p. 741.

IX
Sob o signo dos pequenos acasos

LUCÍOLA MACÊDO:

Ao concluir a leitura desta lição de *Mais, ainda*, entremeada de uma incursão nas fontes filosóficas e literárias de Lacan, compreendi a pertinência e o alcance do título "Do barroco" conferido por Jacques-Alain Miller quando de seu estabelecimento: trata-se de um significante que condensa as voltas do caminho e o ponto de chegada. Eis aqui as últimas palavras de Lacan nesta lição: "O truque analítico não será matemático. É mesmo por isso que o discurso da análise se distingue do discurso científico. Enfim, essa chance, ponhamo-la sob o signo dos pequenos acasos – *mais, ainda*"[1]. Se desta vez começo pelo fim, é para melhor explicitar o traçado desenhado nesta esfuziante lição. As miríades de referências elencadas por Lacan atingem de modo certeiro o que palpita na epígrafe recortada do corpo do texto, anteposta a esta lição: "Aonde isso fala, isso goza, e nada sabe"[2], deixando-nos a dica que é do (não) saber que irá se tratar, não sem o sabor do isso-fala-isso-goza, *sob o signo dos pequenos acasos*.

Nas águas do barroco

A seleta de Jean Rousset[3] *Anthologie de la poésie baroque française*, publicada em 1961, e antes disso, *La Littérature de l'âge baroque en France – Circé et le*

---

[1] Lacan, J. *O seminário*, livro 20: *Mais, ainda*. (1972-1973) Texto estabelecido por Jacques-Alain Miller. Rio de Janeiro: Jorge Zahar Ed., 1985. p. 159. Grifo do autor.
[2] *Ibidem*, p. 142.
[3] Jean Rousset (1901-2002) foi professor de Literatura Francesa na Universidade de Genebra. O Barroco foi tema de portentosa investigação ao longo de toda a sua vida. Sua última obra publicada sobre o tema, *Dernier regard sur le baroque*, é de 1988.

Paon, de 1953, certamente não passaram despercebidas a Lacan. As reflexões de Rousset, de início centradas no barroco francês, acabam por incidir na própria conceitualização da estética barroca. Seus estudos permitem ampliá-la, já que estiveram durante muito tempo concentrados no domínio das artes plásticas, só depois passando à literatura, e então ao espírito de uma época: a fantasmagoria cintilante; o jogo incessante de espelhos; as suas paradoxais figurações, tanto quanto o pendor pelo segredo e pelo enigmático, cujas principais manifestações se evidenciam através da instabilidade, do movimento, da metamorfose de inspiração ovidiana e do recurso à alegoria.

A literatura barroca encontrou na alegoria um poderoso recurso para exortar e comover os corações, a exemplo da oratória do padre António Vieira, ao passo que as igrejas barrocas propagam diante dos olhos embevecidos dos fiéis as jubilações do Paraíso.

Nas palavras de Walter Benjamin, em *Origem do drama barroco alemão*, a expressão alegórica nasceu de uma curiosa combinação entre natureza e história[4]: a palavra *história* estando gravada "com os caracteres da transitoriedade, no rosto da natureza"[5]. A fisionomia alegórica da natureza-história se apresenta no drama barroco como ruína, fundindo-se sensorialmente com o cenário em que a história aparece enclausurada no adereço cênico. Não como vida eterna, mas, para além do belo, como inevitável declínio: "é próprio do sádico humilhar seu objeto e em seguida, através dessa humilhação, satisfazê-lo. É o que faz o alegorista, nessa época inebriada de crueldades, imaginárias ou vividas"[6]. Isso se aplica também à pintura religiosa, em que a função da escrita por imagens não será o desvendamento, mas o desnudamento sensorial. O emblemático não mostra essência alguma por detrás da imagem. Ele traz essa essência para a própria imagem, apresentando-a como escrita, como parte integrante da imagem representada. Para Benjamin, o drama barroco, enraizado no recurso à alegoria, é feito para ser lido. Mesmo quando se está diante de uma apresentação cênica

---

4 Benjamin, W. *Origem do drama barroco alemão*. São Paulo: Brasiliense, 1984. p. 189.
5 *Ibidem*, p. 199.
6 *Ibidem*, p. 206.

do drama barroco, o espectador vê o espetáculo com a devoção de um leitor ao mergulhar no texto.

Marcada pelo ideário da Contrarreforma, o barroco criou seus tipos dramáticos segundo a imagem escolástica medieval da melancolia, cuja sabedoria vem do abismo e de uma imersão, não na natureza, mas na vida das coisas criadas. Mas somente em Shakespeare, com a personagem Hamlet, a autoabsorção melancólica se coaduna em alguma medida com o cristianismo, aproximando-o da rigidez barroca do melancólico, comumente *anticristão*[7]. Não foi o bardo quem certa vez enunciou que "a vida é uma história sem sentido algum cheia de som e de fúria, contada por um idiota"?[8]

No último capítulo de seu estudo sobre o barroco, intitulado "Alegoria e drama barroco", Benjamin discute a oposição entre símbolo e alegoria, que nos interessa de perto por trazer o fio do que está em jogo nesta lição. Lacan evoca o *seu* barroco e a religião nem como crente, nem como devoto. Não devemos esquecer que Deus é, para Lacan, antes de tudo, um significante, e que em *Mais, ainda*, a psicanálise se desembaraça do pai e de seu interdito para indicar que é o próprio gozo o que comporta um furo, e que isso é da ordem de um traumatismo. Nenhuma redenção tem lugar aí.[9] É isso que ele desenvolve neste seminário como a ausência da relação sexual. É isto que objeta quando afirma que "nada nos obriga a fazer do real algo que seja universo, que seja fechado, pois a ideia desse universo é simplesmente a consistência de um fio que se mantém [...] em relação ao real fazemos um nó borromeano, a fim de se sustentar a ideia de que o real é não todo"[10], num percurso que o leva da dialética à topologia. Não apenas Deus, como também a alma, essa para a qual Aristóteles devota seu tratado, é, para Lacan, apenas um significante.

Lacan evoca nesta lição não exatamente a religião, na medida em que toda e qualquer religião repousa no ontológico, mas o barroco como uma

---

7 *Ibidem*, p. 179-180.
8 Shakespeare, W. *Macbeth*. (1605-1606) Cena V, ato V.
9 Miller, J.-A. Religião, psicanálise. (2003) *Opção Lacaniana, Revista Brasileira Internacional de Psicanálise*, São Paulo, n. 39, p. 23, maio 2004.
10 Lacan, J. Religiões e real. (1975) *Opção Lacaniana, Revista Brasileira Internacional de Psicanálise*, São Paulo, n. 73, p. 13-14, ago. 2016.

objeção à ontologia. Ele evoca o deleite visual que se desenrolou dos efeitos do cristianismo, em que tudo é exibição de corpo evocando o gozo, e onde diz encontrar o barroquismo com o qual aceita ser vestido, um barroquismo que não tem o seu motor na ontologia, nem convoca o dever de dizer o que as coisas são ou deixam de ser. Tal objeção se estende também à ontologia aristotélica para quem o ser e o Um são idênticos e correlativos um ao outro, como o princípio e a causa, e onde o Um nada é fora do Ser.[11]

Walter Benjamin critica a apologia do símbolo e a correlata desvalorização da alegoria encampada desde os finais do século XVIII. O símbolo é uma totalidade ancorada no absoluto, ao passo que a alegoria valoriza o instante e a contingência, trazendo o fluxo do tempo, da transformação e da morte. Tanto a alegoria em Baudelaire ou em Kafka, como a alegoria barroca, cada uma a seu modo, são as representações do sentimento da perda, da dissipação e da fragmentação ontológica do homem, daí a afinidade da modernidade com o Barroco. No símbolo, o rosto metamorfoseado da natureza se revela à luz da salvação e da veneração da figura humana; já na alegoria as coisas olham o mundo sob a forma do fragmento e do despedaçamento, nisso que é prematuro e malogrado[12], como história de sofrimento e de declínio.

Um exemplo eloquente de "fábula alegórica" no barroco francês encontra-se no poema narrativo "Metamorfose dos olhos de Fílis em astros", de Germain Habert, publicado em 1639: trata-se de uma história de amor que funde a temática pastoral ao gênero das metamorfoses, herdado de Ovídio. A estética barroca é predominante no poema, com as suas alusões metafóricas, as figuras de linguagem antitéticas, os exageros retóricos e as sutilezas do pensamento. A peculiaridade do poema de Habert está no discreto apagamento das figurações fúnebres e do imaginário mórbido hegemônicos na passagem do século XVI ao XVII, o que de certa forma preparou o terreno para o Classicismo.[13]

---

11 Cathelineau, P.-C. *Lacan lecteur d'Aristote*: politique, metaphysique, logique. Paris: Association Freudienne Internationale, 1998. p. 214.
12 *Ibidem*, p. 208.
13 Pereira, L. F. O narcisismo especular e o poder sem poder. In: Habert, G. *Metamorfose dos olhos de Fílis em astros*. São Paulo: Filocalia, 2016. p. 14-15.

Esse poema foi pinçado da mencionada seleta de poesia barroca (de Rousset) e magistralmente traduzido e comentado por Lawrence Flores Pereira. Este último relata que Germain Habert foi um assíduo frequentador do hotel Rambouillet, principal núcleo do preciosismo francês da primeira metade do século XVII.[14] Não por acaso, o poema é apresentado nos dicionários literários franceses como um típico exemplo de "poesia preciosa". Trata-se de uma história de amor que é, ao mesmo tempo, uma reflexão poética sobre a morte, a transformação e a dor, tema comum a muitas obras da época, marcada por um pessimismo que reconhece na própria razão humana a origem de suas faltas, e onde a inconsistência do mundo e as flutuações da existência são facilmente invertidas e apresentadas sob a forma do deleite da mutação.[15] Ele narra a história da paixão fatal do deus-sol pela jovem Fílis e sua inveja pela sorte do jovem Dáfnis, seu amado. A eternidade é tida pelo deus como uma condenação, pois não lhe permite o devir do amor e do sofrimento, por isso ele se sonha humano, aspirando ao padecimento e ao gozo pungente da perecibilidade. Ao ser impedido por sua própria condição de unir-se a Fílis, vinga-se lançando sobre a terra o calor que infecta os pântanos, matando Dáfnis. Tomada de sofrimento pela morte do amado, Fílis se dissolve em lágrimas, retornando às águas, à fonte primeva. Após a dissolução, o deus-sol alça os olhos de Fílis aos céus, metamorfoseados nas estrelas gêmeas, como signos de seu amor.[16] O sol encarna neste poema o ideário do barroco, indicando que a posse de um imenso poder não existe jamais sem uma concomitante restrição.[17]

Aristóteles e a ciência comportamental

Lacan é hábil em demonstrar, já nas primeiras linhas, a diferença entre pensar o objeto (do lado da ciência tradicional, herdeira do *corpus* aristotélico) e "pensar em", "amar em" (do lado da ciência do inconsciente),

---

14 *Ibidem*, p. 10.
15 *Ibidem*, p. 17.
16 *Ibidem*, p. 20-21.
17 *Ibidem*, p. 42.

ao ponto de indagar: "como é que uma ciência ainda é possível depois do que podemos dizer do inconsciente?"[18]

Para responder a esta pergunta, recorrerá ao cristianismo. O primeiro passo dado neste percurso foi o de separar e diferenciar o inconsciente do pensamento, separá-lo para aproximá-lo da fala, do gozo: "*o inconsciente é que o ser, falando, goze e*, acrescento, *não queira saber de mais nada*"[19]. O que torna as relações humanas suportáveis não é o fato de pensar nelas, como quer o behaviorismo, que se funda na observação da conduta como condição para que se esclareça a sua finalidade, e cujo mapeamento e regulação encontrariam uma correspondência direta no sistema nervoso. Lacan diferencia, portanto, a ciência do inconsciente de uma ciência do pensamento, da conduta e/ou da alma, cujas bases filosóficas se encontram no *corpus* aristotélico, na equivalência entre *o pensamento e o pensado*, entre corpo e alma.

É a fim de objetar o classicismo no qual se sustenta essa concepção de mundo que Lacan lança mão de uma formulação tão divertida quanto enigmática: "*o pensamento está do lado do manche, e o pensado, do outro lado*, [...]. Nisto o *behaviourism* não sai do clássico. É o *diz-manche* – o domingo da vida, como diz Queneau, não sem ao mesmo tempo revelar seu ser de embrutecimento."[20]. Veja-se que, por um lado, Lacan enfatiza a não correspondência entre o pensamento, o *manche* (que no sentido literal significa instrumento, ferramenta), e o pensado, que está do outro lado, disjunto do pensamento. Em seguida, ele aproxima, ironicamente, o behaviorismo ao *domingo da vida*, e este ao saber absoluto de Hegel, tal como transmitido por Alexandre Kojève, que com seu célebre curso sobre a *Fenomenologia do espírito* introduziu Hegel a toda uma geração de intelectuais franceses, entre eles Georges Bataille, Alexandre Koyré, Merleau-Ponty, André Breton, Raymond Queneau, que, em 1947, o transcreveu.

Vamos tentar entender a referência de Lacan a essa série ilustre e sua aproximação ao behaviorismo a partir do *manche*, que ele

---

18 Lacan, 1972-1973/1985, *op. cit.*, p. 142.
19 *Ibidem*, p. 143. Grifos do autor.
20 *Ibidem*, p. 144-145. Grifos do autor.

aproxima, por homofonia, ao *dimanche* até chegar ao *Le dimanche de la vie* (1952) de Queneau:

> [...] a figura do saber absoluto, ponto final da sequência de figuras da *Fenomenologia do espírito*, que Kojève traduzirá como a figura do sábio, consistiria no fechamento do círculo do conhecimento em que saber e não saber, razão e loucura, potência e impotência, soberania e servidão, coincidiriam. Seria o "domingo da vida", conforme o título do romance de Queneau: nada mais a fazer senão para todo o sempre descansar, a humanidade afinal satisfeita se realizaria no ócio vazio, o trabalho convertido em arte, a atividade em monotonia, o ser humano tornado de novo animal.[21]

O *manche* remete, portanto, à noção aristotélica de instrumento: todo instrumento tem sua função, que é o ato, ou a atividade do instrumento. A alma é a substância (por ser uma realidade em si, que existe independentemente de outras coisas) do corpo, é o ato final mais importante de um corpo que tem a vida em potência. Este ato final é, para Aristóteles, a *enthelechia*, ou "intelecto ativo, graças ao qual a alma raciocina. O organismo, como instrumento, tem a função de viver e pensar, sendo a alma o ato dessa função. Por isso a alma não é separável do corpo, a não ser a parte intelectiva da alma, que é um outro gênero de alma"[22], criando-se, assim, uma espécie de hierarquia entre o corpo/alma e o intelecto/alma. Desse modo, a doutrina aristotélica da alma profere uma decodificação de afetos, emoções e sentimentos pelo intelecto, o que coincide com os princípios das neurociências e das teorias comportamentais em psicologia.

---

21 Penna, J. C. Apresentação ao ensaio "Hegel, a morte e o sacrifício", de Georges Bataille. *Alea: Estudos Neolatinos*, Rio de Janeiro, v. 15, n. 2, p. 389-413, jul./dez. 2013. Disponível em: https://www.scielo.br/j/alea/a/F8y6xX7Wx9JtLsZTNLbqKPb/?lang=pt.
22 Abbagnano, N. *Dicionário de filosofia*. São Paulo: Martins Fontes, 2003. p. 27-28.

Finura de lalíngua

É no âmbito desse horizonte de questões que Lacan jocosamente, declara: "[...] eu me alinho mais do lado do barroco"[23]. Explicitando, na sequência, em sua própria formulação, a não correspondência direta entre pensamento e pensado, entre sujeito e objeto, entre o objeto e a sua finalidade: "[...] eu me alinho – quem me alinha? Será que é ele [o barroco] ou será que sou eu? Finura de lalíngua"[24], diz Lacan, situando o seu alinhamento do lado do barroco pela via da história do cristianismo, uma vez que o barroco seria, em seu começo a história de um homem, a historieta de Cristo, trazendo novamente à luz uma perspectiva diametralmente oposta àquela da ciência dita comportamental, da correspondência entre corpo, alma e pensamento, tanto quanto da perspectiva do domingo da vida.

Uma das pérolas desta seção do seminário vem com a definição, a partir do texto dos Evangelhos, da verdade como a *diz-mansão*, a mansão do dito, na medida em que "não se pode fazer funcionar melhor a dimensão da verdade", que consiste em "enfiar a realidade na fantasia"[25]. Pois bem, a diz-mansão da verdade no cristianismo restituiu o mundo, dirá Lacan, à sua verdade de imundície, para enfim, com a historieta de Cristo salvar não ao homem, mas a Deus. A solução trinitária afeta a sua unidade, ficando a salvação de Deus entregue à boa vontade dos cristãos. Se o problema da verdade subsiste no cristianismo, quanto ao discurso analítico, ele minoriza a verdade, a põe em seu lugar, a desaloja, reduz: ela é reduzida, mas indispensável. À diferença das sabedorias em que, tal como o taoísmo, não é de verdade que se trata, mas da via.

Tendo chegado a este ponto, farei uma pequena digressão. Trata-se de um convite à leitura que traz uma visada literária. Assim nos aproximamos de uma das perspectivas do barroco na contemporaneidade, do chamado neobarroco, à brasileira, através de dois ensaios escritos a partir da leitura de Haroldo de Campos do Seminário *Mais, ainda*. O

---

23 Lacan, 1972-1973/1985, *op. cit.*, p. 145.
24 *Ibidem*.
25 *Ibidem*, p. 146.

primeiro deles, "Barrocolúdio: transa chim?", foi escrito no contexto do diálogo entre Haroldo de Campos e Joseph Attiè, dedicado a este último, apresentado em 1988 e publicado no número único da revista *Isso/ Despensa freudiana* no ano seguinte. Nesse texto, Haroldo nos brinda com sua leitura dessa lição do seminário de Lacan, com incursões orientalistas pra lá de instigantes. O outro ensaio, "O afreudisíaco Lacan na galáxia de lalíngua: Freud, Lacan e a escritura", veio com a promessa e o convite da revista *L'ANE*, sob a batuta de Judith Miller, que pretendia organizar um número especial enfocando o problema do estilo a partir da glosa de Lacan à célebre frase de Buffon, "O estilo é o homem". Como o próprio título indica, trata-se de uma alusão ao livro *Galáxias*, escrito entre 1963-1976, um marco da literatura neobarroca no Brasil, cuja herança advém da poesia moderna e da corrente simbolista que teve Stéphane Mallarmé como precursor. Suas pesquisas se pautavam na participação do inconsciente na produção do ritmo poético. Partindo das considerações de Mallarmé, Paul Valéry alega que tais ritmos impõem-se ao poeta antes de se articularem aos significados nas frases.

O gozo como diz-mansão do corpo

Sobre Aristóteles, dirá Lacan, "o pensamento" em questão, trata-se de "pensamentos sobre o corpo tomado pelo que se apresenta ser, um corpo fechado"[26] em que a alma não é outra coisa "senão a identidade suposta a esse corpo, ou seja, a alma é o que se pensa a propósito do corpo – do lado do manche"[27], onde se entende, do lado de um saber que se pensa natural, absoluto, ontológico, universal.

Tendo chegado a este ponto, Lacan interroga: "Que relação poderá haver entre a articulação que constitui a linguagem e um gozo que se revela ser a substância do pensamento, desse pensamento tão facilmente refletido no mundo pela ciência tradicional?"[28]. A linguagem *faz chiar* o gozo, sendo justo aí onde se distingue, onde se demarca a distância entre

---

26 *Ibidem*, p. 148.
27 *Ibidem*, p. 149-150.
28 *Ibidem*, p. 151.

o gozo obtido e o gozo esperado. A *deriva do gozo* foi o que se "debilitou durante toda a antiguidade filosófica pela ideia de conhecimento"[29], dirá Lacan. Como também a facticidade de que o que se baseia na linguagem concerne ao gozo, e o que é do gozo não é adequado à relação sexual, não havendo finalidade alguma aí, uma vez que o gozo não tem *a mínima relação com a relação sexual*.

É justo nesse ponto que recorre à doutrina cristã, e notadamente, ao barroco, pois não lhe parece que no cristianismo o acento esteja colocado no fato de Cristo ter uma alma, e sim no fato de ele ser a encarnação de Deus num corpo afetado pela paixão, num corpo que sofre, e cuja paixão constitui o gozo de outra pessoa, pois não é a alma, e nem mesmo a cópula o que está em jogo, como se vê, através da arte barroca, tudo é exibição do corpo evocando o gozo[30], algo mais próximo de uma orgia do que da cópula, detendo-se no *quase*: quase chegando à cópula.

Por fim, ele articula as Sagradas Escrituras e o fracasso das sabedorias, aludindo aos truques graças aos quais o gozo vem, às vezes, satisfazer o pensamento do ser, o que jamais poderá suceder senão ao preço de uma castração. Lacan lança mão dos exemplos do taoísmo, em cuja prática do sexo preconiza a retenção da ejaculação; da renúncia ao pensamento, no budismo; assim como da fabulação, na mitologia (presente também no barroco). É nisso que consiste "o truque contingente que faz com que às vezes, após uma análise, cheguemos a que cada um trepe convenientemente com sua cada uma"[31], diz ele. Tudo isso para voltar ao barroco, que consiste na regulação da alma por meio da visão dos corpos, da escopia corporal[32], cuja iconografia, pregada nas paredes das igrejas, exibe "tudo que desmorona, tudo que é delícia, tudo que delira"[33], em sua obscenidade exaltada, mas à condição de deixar de fora a copulação, ou seja, ao preço de uma perda. Há ainda a menção aos mártires, que quer dizer "testemunha de um sofrimento mais ou menos puro"[34]. Voltemos ao

---

29 *Ibidem*, p. 153.
30 *Ibidem*, p. 154.
31 *Ibidem*, p. 157.
32 *Ibidem*, p. 158.
33 *Ibidem*.
34 *Ibidem*.

começo para concluir: o truque do discurso do analista não é uma energética, ele não é matemático, e se distingue justo aí do discurso científico. A sua chance não se coloca sob a égide do necessário, mas da contingência, "sob o signo dos pequenos acasos – *mais, ainda*"[35].

---

35 *Ibidem*, p. 159.

X
"O REAL É O MISTÉRIO DO CORPO FALANTE"

ELISA ALVARENGA:

a : semblante

Começo o comentário da lição X do Seminário 20, "Rodinhas de barbante", pela frase no final da lição, que nos permite uma pequena retrospectiva, para situar-nos onde estamos: "O real é o mistério do corpo falante, é o mistério do inconsciente"[1]. Trata-se de uma frase que nos permite abordar não apenas que real está em jogo neste momento do ensino de Lacan, como também que inconsciente está em jogo aí. Não é à toa que Lacan introduz, nesta lição, o nó borromeano, depois de dizer, na lição VIII, que o objeto *a* falha em abordar o real, porque é um semblante de ser.[2] Jacques-Alain Miller considera ser na lição VIII deste Seminário onde Lacan introduz seu último ensino, no qual o real se torna silencioso. Isso ocorre depois de uma espécie de separação em relação à ontologia de Aristóteles, na lição VII, reafirmada por Lucíola a partir do capítulo IX.

Miller nos diz que, apesar de Lacan admitir que há simbólico no real, o significante fica mudo. "O real não fala"[3] é uma proposição que indica o

---

[1] Lacan, J. *O seminário*, livro 20: *Mais, ainda*. (1972-1973) Texto estabelecido por Jacques-Alain Miller. Rio de Janeiro: Jorge Zahar Ed., 1985. p. 178.
[2] *Ibidem*, p. 124, 128, 135.
[3] Miller, J.-A. Lo real no habla. In: Miller, J.-A. *El ultimísimo Lacan*. (2006-2007) Buenos Aires: Paidós, 2013. p. 233-246.

valor que devemos dar à primazia do escrito sobre a fala em seus últimos seminários. O inconsciente torna-se relacionado com o escrito, ele não comunica. A partir do Seminário 20, Lacan diz que não é seguro que a linguagem sirva ao diálogo. Escrever lalíngua em uma palavra indica que ela serve ao gozo, que fecha cada um dos sexos em si mesmo. Não há diálogo entre os sexos e o amor será o instrumento para fazê-los cruzar o muro entre os sexos por meio do objeto *a*.

Lacan situa o objeto *a* no caminho do simbólico para o real.[4] Por um lado, diz Miller, o objeto *a* voa com o simbólico, com os discursos. Por outro lado, o objeto *a* permanece ancorado no real. Diante do real, o objeto *a* é um falso ser e não se sustenta na abordagem do real, porque ele concerne ao efeito de sentido.[5]

No que diz respeito à prática da psicanálise, o analista coloca o objeto *a* no lugar do semblante e se coloca nessa posição. O objeto é apenas um semblante. A partir daí, o analista pode interrogar como saber o que toca à verdade. Para fazer o real falar é preciso suar a camisa, o que significa colocar seu corpo em questão, deixar algo de si. O analista, mais do que acrescentar seu corpo, permanece um corpo para tratar o falasser, uma categoria que inclui o corpo.[6]

A relação entre o significante e o gozo, entre o saber e o gozo, ou ainda, entre o significante e o corpo, sempre interessou, ou melhor, sempre atormentou Lacan. Se no começo do seu ensino Lacan dizia que o significante mata a coisa, mortifica o gozo, a partir de certo momento, em direção ao final dos anos 60, Lacan se dá conta de que o significante é também causa de gozo. Não sabemos por que, no banho de lalíngua em que nasce o falasser, um significante marca o corpo de maneira privilegiada, perfurando o corpo e introduzindo o inconsciente no corpo do ser falante. Então, como Lacan diz nesta lição, "o real é o mistério do corpo falante, é o mistério do inconsciente"[7].

---

4 Lacan, 1972-1973/1985, *op. cit.*, p. 121.
5 Miller, 2006-2007/2013, *op. cit.*, p. 240.
6 *Ibidem*, p. 245.
7 Lacan, 1972-1973/1985, *op. cit.*, p. 178.

Ex-sistência

Lacan começa reafirmando que não há metalinguagem, não há linguagem do ser. Mas haveria o ser? O ser é apenas suposto a um indivíduo ou substância. Para Lacan, o ser é um fato de dito. Ele se distingue da linguagem do ser e opõe ao ser, suposto, a existência.[8] A formalização matemática é então seu fim, porque ela seria matema, capaz de transmitir integralmente. Ela é a escrita, que, no entanto, só subsiste se empregarmos, para apresentá-la, a língua que usamos. Isso quer dizer que nenhuma formalização da língua é transmissível sem o uso da própria língua. É por seu dizer que Lacan faz ex-sistir essa formalização. Assim, o simbólico não se confunde com o ser, mas subsiste como ex-sistência do dizer. O simbólico só sustenta a ex-sistência. O que isso quer dizer?

A análise se distingue, entre outros discursos, por enunciar o osso de seu ensino: que "eu falo sem saber. Falo com o meu corpo, sem saber. Digo, portanto, sempre mais do que sei"[9]. O sujeito, no discurso analítico, é o que fala sem saber, diferente do ser. Ele não quer saber de nada. Paixão da ignorância. As duas outras paixões são para Lacan o amor e o ódio, o que mais se aproxima do ser, que Lacan chama ex--sistir. Nada concentra mais ódio do que esse dizer onde se concentra a ex-sistência, diz Lacan. Talvez possamos entender isso nos referindo aos julgamentos de atribuição e existência aos quais se refere Freud no texto "A negação"[10]. O julgamento de atribuição separa o eu prazer (bom) e o que não pertence ao eu (mau). O julgamento de existência verifica a existência do objeto fora do eu.

Mas, o que é a ex-sistência, objeto de uma lição do curso *El lugar y el lazo*? Proferida por Miller em 9 de maio de 2001[11], essa lição parte da promessa de Miller, feita na lição anterior, de explicar a seu público o

---

8 *Ibidem*, p. 161.
9 *Ibidem*.
10 Freud, S. A negação. (1925) In: Freud, S. *Neurose, psicose, perversão*. Belo Horizonte: Autêntica, 2016. p. 307. (Obras incompletas de Sigmund Freud)
11 Miller, J.-A. Ex-sistencia. In: Miller, J.-A. *El lugar y el lazo*. (2000-2001) Buenos Aires: Paidós, 2013. p. 325-335.

que é a ex-sistência. Nesta lição, de 2 de maio de 2001[12], Miller diz que a verdade do nó borromeano é que ele está construído sobre o Um, sobre a separação entre os Uns. O que levou Lacan ao nó borromeano foi ter proferido que não há relação sexual. Nesta via, é necessária a redução do parceiro ao sintoma. O parceiro já não é um Outro, é reincluído no Um a título de sintoma. O grafo seria do Outro, mas o nó é do Um, presente em cada uma das rodinhas que nele são apresentadas. A referência do nó borromeu não é então o sujeito do inconsciente, já que a definição do sujeito inclui o Outro, mas o falasser. O falasser, propõe Lacan, é uma instância condenada ao Um da rodinha de barbante. A chave do nó borromeu é o Um: só há gozo do Um.

Miller considera que a expressão ex-sistência procede de um ideal de simplicidade que, segundo Lacan, anima seu ensino. Não alcançamos esse ideal, mas tentamos reduzir a complexidade desse ensino. A psicanálise pareceu ser solidária de um movimento de conjunto do pensamento e da ciência, o estruturalismo, que é uma chamada a que as matemáticas resolvam o problema da condição humana. É a ilusão, diz Miller, de que a matemática e inclusive a lógica pudessem substituir o trágico, que o matema pudesse substituir o patema, o que padecemos, o que nos afeta.[13]

É a ambição que se expressa no prefácio da terceira parte da *Ética* de Spinoza, consagrada aos afetos. Spinoza propõe tratar a natureza dos afetos segundo o mesmo método que utilizou a propósito de Deus e do espírito, considerando as formas do desejo como se fossem questão de linhas, superfícies ou corpos.[14] O século clássico levou a sério o modo geométrico de pensar, sonhando resolver os problemas da condição humana por esse meio. Segundo Miller, Lacan lamentou que uma comunidade não tomasse forma nesse estilo, referindo a condição humana ao significante e sua combinatória. O modo geométrico de pensar seria um modo lógico que Spinoza não limita ao pensamento, à razão pura, mas que estende também ao corpo. A razão pode penetrar no

---

12 Miller, J.-A. La trayectoria de Lacan. In: Miller, 2000-2001/2013, *op. cit.*, p. 307-324.
13 *Ibidem*, p. 325-326.
14 Spinoza, B. *Ética*. Belo Horizonte: Autêntica, 2021. p. 97-98.

obscuro das paixões e do gozo de uma maneira diferente da dominação exercida pelo discurso do mestre. Para ser efetivo, isso exigiu de Lacan mudar de geometria, passar das linhas e das superfícies à topologia, dos grafos aos nós.[15]

A ex-sistência, convertida em uma categoria do último ensino de Lacan, é o que, em sentido estrito, qualifica o real. Ao "sem" do real sem lei responde o fora da ex-sistência. Não devemos confundir o real com as construções que são os artifícios com os quais o aparelhamos. As verdades são sólidos, diz Lacan desde os anos 50, o que quer dizer que elas autorizam perspectivas distintas. Podemos girar ao seu redor e dizer delas coisas diferentes. A verdade não está fundada no ser, mas depende dos parâmetros que a definem. É possível mudar de geometria, admitir deformações topológicas que afetem as linhas e as superfícies. Do último ensino de Lacan surge uma verdade que não é do tipo sólido nem superfície, mas do tipo nó, o qual começou a ex-sistir, vindo da própria prática analítica. Isso se justifica a partir do fato de que na análise falamos, é necessário o corpo, há algo que é sem sentido para o simbólico e o imaginário.[16]

Para captar o próprio da ex-sistência, Miller se pergunta o que significa sair: franquear um limite, passar a outra dimensão depois de ter passado por um lugar. A ex-sistência é correlativa a uma saída fora de. A ex-sistência, assim como o real sem lei, pode ser referida à construção dos α-β-γ-δ do primeiro Escrito de Lacan[17], assim como ao matema S($\cancel{A}$). Em um primeiro tempo está o Outro; em um segundo tempo localizamos que esse Outro não poderia sustentar-se, é inconsistente, se desvanece – $\cancel{A}$ –; num terceiro tempo o matema inscreve que no desastre do Outro subsiste um significante que não consegue inscrever-se dentro, no lugar previamente designado. Miller reescreve esse matema introduzindo o significante da ex-sistência a partir do desmoronamento do Outro[18]:

---

15 Miller, 2000-2001/2013, *op. cit.*, p. 327.
16 *Ibidem*, p. 328-329.
17 Lacan, J. O seminário sobre "A carta roubada". (1956) In: Lacan, J. *Escritos*. Rio de Janeiro: Jorge Zahar Ed., 1998. p. 13-66.
18 Miller, 2000-2001/2013, *op. cit.*, p. 330.

$$\cancel{A} \mid - S$$

A barra vertical leva em conta o que foi anulado e com o traço horizontal se indica o resto que emerge disso. Significante do que se afirma como verdadeiro no enunciado é o que Miller propõe como significante da ex-sistência, um significante fora do Outro, absoluto. S($\cancel{A}$) é a matriz da posição da ex-sistência e designa a posição do real, correlativa da inexistência do Outro. O que se deduz da tese da inexistência do Outro é a necessidade de colocar uma ex-sistência.

O Outro obedece a uma lei de relatividade – um significante só vale em relação a outro significante, sistema que conduz à negação do real, da referência, e a considerar que só há artifícios, construções. O que Lacan chamou de ex-sistência restabelece o real da substância gozante. 'Não há Outro do Outro' significa que o Outro não existe. Assim, é preciso distinguir a suposição da ex-sistência. A suposição é um efeito de significação da cadeia significante. Na psicanálise, não nos ocupamos de verificar as coordenadas objetivas do que o sujeito articula.[19]

No começo do seu ensino Lacan recomenda que a análise se decida pelo sujeito em qualidade de suposto ao que diz ($). A partir dessa suposição, acede-se a uma ex-sistência, ao real excluído de sentido.

$$\cancel{A} \mid - S$$

Sentido   Real

O desfalecimento de um sentido produzido como efeito do significante eventualmente deixa como ex-sistente um real que se sustenta por si só. A colocação de uma ex-sistência sempre é correlativa de um furo. O último ensino de Lacan o destaca a partir do nó borromeano e inclusive da simples consideração da rodinha de barbante, que é antes de tudo um furo em relação ao qual ex-siste algo que deve ser problematizado sob a forma da consistência. O furo, a ex-sistência e a consistência são assignados a

---

19 Ibidem, p. 331-332.

cada uma das três rodinhas de barbante – S, R e I –, ao mesmo tempo que estão presentes em cada rodinha. O furo caracteriza o simbólico, a ex-sistência é o traço do real e na consistência reconhecemos o imaginário, mas em cada rodinha temos furo, ex-sistência e consistência.[20]

Essa noção de ex-sistência está situada no uso clássico do termo, em Heidegger, na "Metafísica como história do ser", com a bipartição entre a existência e a essência, que corresponde ao sentido, o que é, por meio do que significa. A essência está dotada de uma forma que tem significação; a existência enquanto tal é o informe. Isso encontrou sua representação no objeto *a*.[21]

Trata-se, então, de uma divisão do ser entre o sentido e a existência, constituída por fora das causas. A posição de existência é alcançada uma vez atravessada a ordem das causas, que tem sentido. Uma psicanálise submete o falasser à experiência do sentido, que resulta da cadeia significante e a pergunta é se por essa experiência se acede a um real, uma posição que ex-sista ao sentido. A versão lacaniana de "a existência precede a essência", de Sartre, poderia ser: "o real precede o sentido". Salvo que uma análise significa que é preciso passar pelo sentido para aceder a esse real. O nó borromeano é encarregado de dar conta do real excluído do sentido.[22]

O nó borromeano

Lacan introduz o nó borromeano em seu ensino no Seminário 19:[23] ele lhe vem como anel ao dedo, anel que não tirará até o final dos seus seminários, em 1981. Encontrei no livro de Fabián Schejtman, *Sinthome*: ensayos de clínica psicanalítica nodal,[24] um roteiro de leitura para situar

---

20 *Ibidem*, p. 333.
21 *Ibidem*, p. 334.
22 *Ibidem*, p. 335.
23 Lacan, J. *O seminário*, livro 19: ...*ou pior*. (1971-1972) Texto estabelecido por Jacques-Alain Miller. Rio de Janeiro: Jorge Zahar Ed., 2012. p. 88.
24 Schejtman, F. *Sinthome*: ensayos de clínica psicanalítica nodal. Buenos Aires: Grama, 2013. p. 129-164.

esta lição do Seminário 20 na clínica dos nós. Como assinala Schejtman,[25] Lacan propõe inicialmente o nó como um modelo ou uma metáfora da estrutura, para logo insistir exatamente no contrário, chegando a formular que o nó é da ordem do real. Se Lacan entende o desencadeamento, inicialmente, nos Seminários 19 e 20, a partir do corte ou ruptura de um elo, depois ele o abordará a partir do que denomina um lapso do nó, notadamente no Seminário 23.[26] É só a partir do Seminário 21 que Lacan propõe claramente a relação borromeana entre os três registros.

Vejamos então, inicialmente, o nó borromeano aplicado à cadeia significante como tal. Em ...*ou pior*, Lacan utiliza a cadeia borromeana no tratamento do seu aforismo "peço que recuses o que te ofereço, porque não é isso"[27], que retoma na lição X do Seminário 20.[28] Lacan assinala que os três verbos "pedir", "recusar" e "oferecer" estão enodados de maneira borromeana, isto é, tomam seu sentido pelo fato de sustentar-se a três: se se retira qualquer deles, se soltam os outros dois e o sentido se dissipa. Além disso, nesse "não é isso", a diferença entre o encontrado e o esperado lhe permite situar o que chamou de objeto *a*.

O objeto *a* não é nenhum ser, diz Lacan, mas aquilo que supõe de vazio um pedido. Só situando-o pela metonímia, podemos imaginar o que pode ser um desejo que nenhum ser suporta. Um desejo sem outra substância que aquela que se garante pelos próprios nós. "Não é isso" quer dizer que, no desejo de todo pedido, há apenas a demanda do objeto *a*, que viria satisfazer o gozo. O parceiro do sujeito não é o Outro, mas o que vem se substituir a ele como causa do desejo, objeto de sucção, de excreção, olhar, voz. Em função de não haver relação sexual, há apenas corpos falantes, sujeitos que se dão correlatos no objeto *a*, correlatos de fala que goza enquanto gozo de fala. O que ela amarra senão outros Uns? No ser falante, a causa do desejo é equivalente à sua dobradura, sua divisão de sujeito. O objeto *a*, *a*-sexuado, significa que o Outro só

---

25 *Ibidem*, p. 131.
26 Lacan, J. *O seminário*, livro 23: *O sinthoma*. (1975-1976) Texto estabelecido por Jacques-Alain Miller. Rio de Janeiro: Jorge Zahar Ed., 2007. p. 89, 94-95.
27 Lacan, 1971-1972/2012, *op. cit.*, p. 79.
28 Lacan, 1972-1973/1985, *op. cit.*, p. 170.

se apresenta para o sujeito numa forma *a*-sexuada. Fazer amor, como observa Éric Laurent, diferentemente de fazer existir a relação sexual, é extrair do corpo um gozo, o objeto *a*-sexuado.[29]

A partir da análise desse aforismo – "Peço que recuses o que te ofereço, porque não é isso" –, é à relação que se estabelece entre os significantes que Lacan aplica inicialmente a propriedade borromeana. No Seminário 20, ao evocar sua abordagem borromeana do "peço que recuses o que te ofereço, porque não é isso" do ano anterior, ele reafirma o emprego do nó de borromeu em relação à cadeia significante. "Será que isso esclarece vocês sobre o interesse que há em se partir da rodinha de barbante?" – pergunta Lacan.

> A dita rodinha é certamente a mais eminente representação do Um, no sentido em que ela encerra apenas um furo. [...]
>
> [...] o que fazer desse nó borromeano? [...] ele pode nos servir para representar para nós essa metáfora tão divulgada para exprimir o que distingue o uso da linguagem – a cadeia, precisamente.
>
> [...] Sem dúvida que não é um suporte simples, pois, para que ele possa representar adequadamente o uso da linguagem, seria preciso fazer, nessa cadeia, elos que iriam engatar-se a um outro elo um pouco mais distante, com dois ou três elos flutuantes intermediários. Seria preciso também compreender por que uma frase tem duração limitada. Isso, a metáfora não pode nos dar.[30]

Lacan nos dá então um exemplo da aplicação do tratamento borromeano da cadeia significante à psicose:

> Vocês querem um exemplo que lhes mostre para que pode servir essa fileira de nós dobrados que se tornam independentes com apenas cortarmos um só? [...] Lembrem-se do que povoa alucinatoriamente a solidão de Schreber – *Num Will ich mich* ... agora eu vou me... Ou ainda – *Sie Sollen nämlich*...

---

29 Cf. Laurent, É. Gênero e gozo. *Curinga*, Belo Horizonte, Escola Brasileira de Psicanálise – Seção Minas Gerais, n. 45, p. 26, jul./dez. 2017.
30 Lacan, 1972-1973/1985, *op. cit.*, p. 172-173.

vocês devem, quanto a vocês... Estas frases interrompidas, que chamei mensagens de código, deixam em suspenso não sei que substância. Percebe-se aí a exigência de uma frase, qualquer que ela seja, que seja tal que um de seus elos, por faltar, libera todos os outros, ou seja, lhes retira o Um.[31]

Lacan pergunta se não está aí o melhor suporte que podemos dar de como procede a linguagem matemática. Em suas exigências de pura demonstração, na manipulação das letras, basta que uma não se sustente para que todas as outras, não somente não constituam nada de válido por seu agenciamento, mas se dispersem. É nisso que o nó borromeano seria a melhor metáfora de que nós só procedemos do Um.[32]

Essa seria a diferença entre a ciência moderna e a ciência antiga, fundada na reciprocidade entre o pensamento e o mundo, entre o que pensa e o que é pensado: a função do Um. Na ciência moderna, o Um não se amarra com o Outro, Há Um e não há relação sexual. O Outro não se adiciona ao Um, apenas se diferencia, é o Um-a-menos. Na relação do homem com uma mulher, é como Uma-a-menos que ela deve ser tomada, como Lacan havia indicado a propósito de Don Juan.[33]

O que se escreve, diz Lacan, são as condições de gozo. E o que se conta são os resíduos do gozo. Causa de desejo e mais-gozar, que se escrevem *a*-sexuado, que a mulher, Outra, oferece ao homem. Só a matematização atinge um real, que nada tem a ver com o conhecimento tradicional, que não seria realidade, mas fantasia.[34]

Enodamento psicótico e neurótico

Vimos que Lacan começa então a utilizar o nó borromeano aplicando-o à cadeia significante e, de maneira surpreendente, para falar da cadeia rompida nas alucinações de Schreber. Como observa Fabián Schejtman,[35]

---

31 Ibidem, p. 173.
32 Ibidem, p. 174.
33 Ibidem, p. 175.
34 Ibidem, p. 172.
35 Schejtman, 2013, *op. cit.*, p. 134.

é no Seminário 21, *Les non-dupes errent*, que Lacan começará a utilizar o nó borromeano para falar do enlaçamento dos três registros. Ainda no Seminário 21, ele usa o nó borromeano aplicado à psicose e o nó olímpico, onde há interpenetração entre os anéis, para falar da neurose. Assim, Lacan diz que a neurose aguenta tanto quanto a amizade, considerando que os anéis olímpicos são os anéis da amizade. "Os neuróticos não arrebentam, diz ironicamente Lacan. As únicas pessoas que se comportaram de maneira admirável durante a última guerra, são meus neuróticos. [...] Nada os afetava."[36]

Se, com o encadeamento olímpico do Seminário 21 para a neurose e o encadeamento borromeu com o qual aborda a psicose de Schreber no Seminário 20, Lacan concebia a eventualidade de uma ruptura, corte, arrebentamento ou falta de algum elo da cadeia, essa possibilidade já não aparece no Seminário 22, *RSI*.

Ao longo do Seminário 21 não só a neurose se torna borromeana, com a articulação dos três registros sem interpenetração, mas ocorre também uma desborromeização da psicose. Lacan assinala que

> o que vivemos é muito precisamente a perda do que se sustentaria na dimensão do amor e ao Nome-do-Pai se substitui uma função que não é outra coisa que a de 'nomear para'. Ser nomeado para algo, eis aqui o que desponta em uma ordem que se vê efetivamente substituir ao Nome-do-Pai. [...] É bem estranho que aqui o social tome uma predominância de nó, e que literalmente se produza a trama de tantas existências; ele detém esse poder de 'nomear para', ao ponto que se restitui com isso uma ordem que é de ferro.[37]

"Nomear para" fica ligado, nesse desenvolvimento do Seminário 21, com o retorno do Nome-do-Pai no real, na medida em que está foracluído. Teríamos aí, então, um modo de enodamento psicótico, e não um desenodamento como na lição X do Seminário 20. No Seminário 21 temos, assim, uma ordem, *embora* seja de ferro, rígida, inflexivel.

---

36 Lacan, J. *Le séminaire*, livre XXI: *Les non-dupes errent*. (1973-1974) Texte établi par Jacques-Alain Miller. Lição de 11/12/1973. (Inédito)
37 *Ibidem*. Lição de 19/03/1974.

Lacan diferencia duas ordens de enodamentos: por acoplamento, ou interpenetração de uma rodinha na outra, ou pelo nó borromeano, no qual não há interpenetração entre as três rodinhas.

Para terminar, então, falaremos das cadeias thomeanas, flexíveis e rígidas. As duas vias de nomeação, neurótica e sustentada pelo Nome-do-Pai, ou psicótica em função de ser "nomeado para", podem ser retomadas a partir de um tipo especial de encadeamento ao que chega Lacan a partir do achado de um erro na publicação do Seminário 20. Em *RSI*[38], Lacan anuncia que foi oportunamente advertido por Michel Thomé, colaborador, junto com Pierre Soury, em suas investigações nodais, de que há um erro na figura 6 da página 170 do Seminário 20.[39] Uma cadeia de treze anéis, que se assegurava que era borromeana, não é. Corrobora-se facilmente que não é borromeana, pois não sucede que cortando qualquer elo dessa cadeia todos se soltem. Tome-se como referência o único elo em forma de círculo nessa figura e imagine-se cortar o primeiro dos anéis à sua direita: não se conseguirá soltar o resto. Portanto, essa cadeia de treze anéis não é borromeana. O erro, que Lacan, com Thomé, chama "de perspectiva", concerne ao modo como sucessivamente se engancham os anéis em forma de orelha.

(figuras da p. 158 do livro de Fabián Schejtman)

Esses anéis se engancham como se indica na figura da esquerda, enquanto, para obter a condição borromeana, deveriam fazê-lo como se detalha à

---

38 Lacan, J. *Le séminaire*, livre XXII: *RSI*. (1974-1975) Texte établi par Jacques-Alain Miller. Lição de 11/03/1975. (Inédito)
39 Lacan, J. *Le séminaire*, livre 20: *Encore*. (1972-1973) Texte établi par Jacques-Alain Miller. Paris: Seuil, 1975. p. 113.

direita.[40] Na da esquerda, o enganche produz uma interpenetração entre os dois anéis que impede sua separação, enquanto na figura da direita se constitui o que Lacan chamou às vezes um falso furo. Os anéis permanecem soltos, permitindo, com o acréscimo de um terceiro anel, ou de uma reta infinita, atravessando o falso furo e verificando-o[41] – como diz Lacan no Seminário 23 – a constituição de uma cadeia borromeana.

Para além do erro do Seminário 20, Lacan descobre essas cadeias que acaba nomeando "thomeanas", nas quais, cortando um dos elos extremos, não se produz a soltura de todos os demais, mas – e isto é o interessante – seccionando um elo do outro extremo, isso acontece, como nas cadeias borromeanas. Então Lacan recebe com grande interesse a distinção de um elo em uma cadeia, evocando a ideia da orientação. Nessa mesma lição do Seminário 22,[42] Lacan passa do Nome-do-Pai ao Pai do nome. R, S e I se verão impossibilitados de enlaçar-se por seus próprios meios e o quarto anel, o Pai do nome, função de nomeação, torna-se necessário. No Seminário 23, esse quarto nó vai se tornar o sinthoma, que repara o lapso do nó.[43]

LUCÍOLA MACÊDO:

Lalíngua e o nó

Em *A psicose ordinária*: a convenção de Antibes, na seção "Do psicótico ao analista"[44], Jaques-Alain Miller intervém trazendo formulações que poderão nos ajudar a pensar como lalíngua e os nós, lalíngua e a topologia se articulam no ultimíssimo ensino de Lacan. Ele esclarece que, a partir do Seminário 20, o conceito de linguagem se decompõe em duas partes correlativas: lalíngua e o laço social. Quando refletimos sobre este seminário, percebemos que o conceito estruturalista de linguagem

---

40 Schejtman, 2013, *op. cit.*, p. 158.
41 Lacan, 1975-1976/2007, *op. cit.*, p. 25, 80, 135.
42 Lacan, 1974-1975, *op. cit.* Lição de 11/03/1975.
43 Lacan, 1975-1976/2007, *op. cit.*, p. 147-148.
44 Miller, J.-A. *La psicosis ordinaria*: La convención de Antibes. Buenos Aires: Paidós, 2003. p. 287.

unificava lalíngua e laço social. Conforme evocado anteriormente, a linguagem é uma estrutura cujas leis de composição podemos estudar. Em *Fundamentos da linguagem*, Hall e Jakobson elucidaram as suas leis de funcionamento, isolando uma matriz fonemática para cada língua.[45] A estrutura da linguagem veicula o laço social, ao passo que com lalíngua passa-se sob a norma social. Sob a linguagem normalizada, que passa pelo escrito, tem-se uma segunda camada, subterrânea, sua dimensão fônica, os mal-entendidos infantis, as homofonias, as significações investidas de libido, os sentidos gozados que imantam lalíngua. Não a norma, mas a deriva. O mestre se ocupa de normalizar lalíngua. O conceito de lalíngua capta o fenômeno linguístico em um nível onde ninguém se compreende, pois não se dá às palavras o mesmo sentido que o outro, e na medida em que o investimento libidinal da língua é próprio a cada um. Há ao mesmo tempo uma objetividade do significante, a gramática, o dicionário, as normas, onde nos entendemos mal, mas nos entendemos de alguma maneira. Esses dois níveis de operação da língua não são incompatíveis. Miller os exemplifica com o *"lizmente"*, de Michel Leiris: a partir do modo como escuta a linguagem convencional, a criança forja a sua lalíngua.

Para pensarmos as conexões entre a topologia e lalíngua, trago ao debate algumas notações extraídas de *A obra clara*, de Jean-Claude Milner:

a) Os usos feitos por Lacan da matemática mudam com o Seminário 20. Ela será absorvida pela teoria do nó borromeano. O nó indica o que ocorrerá com a letra, inclusive com a letra na matemática.

b) Embora exista uma abordagem matematizante dos nós, não é isto o que Lacan retém, ele se interessa pelo nó apenas pelo que ele tem de refratário a uma matematização integral[46], revelando-se diferente das figuras topológicas utilizadas até então (banda de Moebius, *cross-cap* etc.).

---

45 Jakobson, R.; Halle, M. *Fundamentos del lenguage*. Madrid: Editorial Ayuso, Editorial Pluma, 1980.
46 Milner, J.-C. *A obra clara*: Lacan, a ciência, a filosofia. Rio de Janeiro: Jorge Zahar Ed., 1996. p. 131.

Ele diz em "O aturdito": meu exposto topológico "era factível por uma pura álgebra literal [...] para o nó, as tranças, a questão era bem outra"[47]. Estes últimos provêm da matemática, mas apenas a título de curiosidade: o nó esgota-se em sua mostração e não requer, para legitimar sua eficácia, que seja integralmente escrito, tal como demonstrou Elisa.

c) O nó é antinômico à letra e, por essa razão, também ao matema.[48] Ele pode suportar letras (por exemplo, R, S, I, no caso do nó borromeano). Ele poderá mostrar o que é literal, mas ele próprio não está integralmente literalizado: "não é que o nó nada diga da letra, não é que não haja letra, que não haja letra matemática, mas o nó apenas diz algo da letra porque dela se excetua; a letra nele se encontra na dimensão de sua própria ausência"[49].

d) De sustentáculo para a imaginação, o nó torna-se *animal destruidor da letra* (matemática). Não que Lacan a ela renuncie, mas doravante irá procurá-la em outra parte: o caminho o conduzirá a Joyce e ao poema. Este movimento se inicia em *Mais, ainda*. Saussure e Jakobson voltam numa posição nova e diferente daquela do primeiro ensino para assegurar uma transitividade entre as letras matemáticas e as letras poemáticas: "Mudamos de discurso", é o que Lacan anuncia com Rimbaud, já de início.

e) Depois de *Mais, ainda*, a simetria entre matema e poema se rompe. O poema consola ao propor um suporte para a literalidade; mas também inquieta, pois prolifera: "ele surge a cada cintilar que provocaria, sobre o cristal da língua, o jogo – aleatório ou não – de alguma faceta acasalada a alguma outra.[50] Ele surge e desvanece. Os trocadilhos homonímicos não são chistes, estão disjuntos de todo *Witz*, pois, ao invés do sentido, produzem uma célula literal, um átomo de cálculo poemático, diz Mil-

---

47 Lacan, J. O aturdito. (1972) In: Lacan, J. *Outros escritos*. Rio de Janeiro: Jorge Zahar Ed., 2003. p. 472.
48 Milner, 1996, *op. cit.*, p. 132.
49 *Ibidem*, p. 133.
50 *Ibidem*, p. 133-134.

ner. De um lado, a mostração silenciosa dos nós (*o significante fica mudo, o real não fala, estamos na dimensão da ex-sistência, uma cadeia de elos, o nó é da ordem do real*, enfatiza Elisa em sua leitura desta lição). Do outro lado, as ressonâncias homofônicas, as homofonias como marcas da equivocidade e da literalidade, o poema polimerizado ao infinito ilimitado de lalíngua.

Lalíngua e a homofonia voltam a se enlaçar no Seminário 23, com Joyce, pela via do sinthoma. Não exatamente a homofonia no sentido estrito dado pela gramática, ou aquela da linguística estrutural, pois não se limita ao espaço onde se define o signo linguístico, mas no âmbito do que Lacan designa por *linguisteria*, rebelde à normalização da língua, à gramática, onde as ressonâncias homofônicas convidam ao borramento do sentido, à abertura ao equívoco, em suas conexões com o momento da aprendizagem da língua e com lalíngua enquanto ela serve ao gozo, onde refluem também os sedimentos da cultura que animam a língua, e o banho de libido que tal abertura comporta – não a rigidez da cadeia significante, mas a fluidez abundante de lalíngua.

Entre os Seminários 20 e 23, deixo como indicação de leitura os desenvolvimentos de Lacan em "A terceira"[51], intervenção no VII Congresso da Escola Freudiana de Paris, que aconteceu em Roma, em novembro de 1974, momento em que articula lalíngua, os nós ("rodelas de barbante"), o real e o sintoma.

---

51 Lacan, J. A terceira. (1974) *Opção Lacaniana, Revista Brasileira Internacional de Psicanálise*, São Paulo, n. 62, p. 11-34, dez. 2011.

XI

Contingência corporal

LUCIOLA MACÊDO:

Um passo adiante antes de concluir

Lacan inicia a última lição do Seminário *Mais, ainda* voltando à primeira, mais precisamente à assertiva que constituiu como um ponto de partida: "O gozo do Outro não é o signo do amor"[1]. Não é *signo* porque gozo e amor jogam sua partida no sintoma, ponto que será comentado por Elisa na sequência desta noite.

Ele enfatiza que o eixo central deste seminário, e o ponto a partir do qual voltará ao início antes de concluir, diz respeito ao saber, o que na primeira lição se enuncia com um "não quero saber nada disso"[2] a propósito do gozo, ponto nodal sobre o qual, nesta última lição, vaticina: "o que é do saber [...] seu exercício só poderia representar um gozo"[3]. O saber é um enigma "presentificado pelo inconsciente tal como se revelou pelo discurso analítico [...] para o ser falante, o saber é o que se articula"[4]. Isto aponta, por um lado, para o fato de que o saber não está dado de antemão; e por outro, que a questão do saber se centra, em seu primeiro ensino, no Outro como lugar ontológico do ser, na medida em que o ser se articula ao discurso. Na ontologia como doutrina do ser, está o que se faz *tateante* no discurso científico e no saber que este engendra desde os seus primórdios, e já com Aristóteles.

---

1 Lacan, J. *O seminário*, livro 20: *Mais, ainda*. (1972-1973) Texto estabelecido por Jacques-Alain Miller. Rio de Janeiro: Jorge Zahar Ed., 1985. p. 12, 187.
2 *Ibidem*, p. 9.
3 *Ibidem*, p. 187.
4 *Ibidem*, p. 188.

Já a existência se depreende de uma operação significante de outro tipo, pois surge da linguagem trabalhando a linguagem. Ela supõe o aparelho lógico capturando o dito para circunscrevê-lo, comprimi-lo, até fazer surgir o real... Esse real que está no nível da existência é o significante-Um, tributário de um gozo opaco ao sentido. O significante, nessa perspectiva, não concerne ao ser, mas ao real, contrastando com a abundante selva da ontologia, a partir da qual a associação livre advém como uma espécie de *ontologia desenfreada*[5]. É a existência o que interessa a Lacan naquele momento, em que o significante se imanta de gozo, e não de sentidos.

Tal passagem remete à "Introdução à edição alemã de um primeiro volume dos *Escritos*", de 1973, publicado poucos meses após esta última lição do Seminário *Mais, ainda*. Aqui, Lacan define o enigma como o cúmulo do sentido. Ele não perde a oportunidade, ao evocar o nome de Heidegger – em que pese o ardor com o qual o filósofo tenha se dedicado à crítica à instrumentalização da linguagem reduzida pela técnica a um caráter puramente informativo –, de fazer sua crítica à metafísica, diga-se, à ontologia: "a metafísica nunca foi nada e não poderia prolongar-se a não ser ao se ocupar de tapar o furo da política. Essa é sua base"[6]. Heidegger, assim como Lacan, buscava uma maneira de abordar o real por uma via que não fosse a metafísica, o que trilhou no fio da poesia, com os seus *Pensamentos poéticos*.

Gregory Bateson

Lacan dedica uma parte desta última lição a um comentário sobre Bateson, antropólogo, linguista e semiólogo inglês radicado nos Estados Unidos, criador do modelo orquestral da comunicação, dos metálogos e da teoria do duplo vínculo, mencionada quinze anos antes no Seminário *5, As formações do inconsciente*, o que demonstra que Lacan acompanhava

---

5 Miller, J.-A. O Um é letra. Lição de 16.03.2011 do curso *O Um sozinho*. Cf. *Opção Lacaniana, Revista Brasileira Internacional de Psicanálise*, São Paulo, n. 83, p. 46, set. 2021.
6 Lacan, J. Introdução à edição alemã de um primeiro volume dos *Escritos*. (1973) In: Lacan, J. *Outros escritos*. Rio de Janeiro: Jorge Zahar Ed., 2003. p. 552.

a produção teórica desse contemporâneo radicado nos Estados Unidos. De fato, à época, Lacan inicia a lição do dia 8 de janeiro de 1958 com um elogio a Bateson. Ele comenta que na América as pessoas teriam preocupações semelhantes às suas, uma vez que "tentam introduzir na determinação econômica dos distúrbios psíquicos o fato da comunicação e daquilo que eventualmente chamam de mensagem"[7]. Ele acompanha Bateson em sua tentativa de situar e formular o princípio da gênese das psicoses no plano das relações mãe-criança, e ainda quanto ao modo como introduz a noção de comunicação, "centrada não apenas num contato, num relacionamento, no meio, mas numa significação"[8]. Bateson observa que a comunicação entre mãe e filho se apresenta sob a forma de um *double bind*.

Para Lacan, o que é digno de nota é a existência de duas mensagens simultâneas numa mesma emissão, o que levaria o sujeito a um impasse. Na origem da relação com a mãe, Bateson traz à luz o sujeito em um equilíbrio instável. Lacan, diferentemente de Bateson, entende que a mensagem implica a relação do sujeito com a própria linguagem. Ele discorda da hipótese de Bateson de que o duplo vínculo, em si mesmo, pudesse desencadear uma esquizofrenia. Ao invés disto, formula que o que está em jogo no profundo desconcerto do psicótico com a significação não se situa na duplicidade das significações e dos sentidos, mas na falta daquilo que funda a própria significação, o significante Nome-do-Pai,[9] foracluído nas psicoses.

Bateson recebeu duras críticas em relação à sua teoria do duplo vínculo, vindas, em sua maioria, dos psiquiatras americanos. Em resposta a esses embates, ele faz, em 1963, uma revisão dessa teoria, propondo uma generalização do duplo vínculo à arte, ao humor, ao sonho, de modo que não mais o assinalará como patógeno, mas como um princípio gerador de comportamentos criativos. Tal revisão faz explodir a categoria

---

7 Lacan, J. *O seminário*, livro 5: *As formações do inconsciente*. (1957-1958) Rio de Janeiro: Jorge Zahar Ed., 1999. p. 150.
8 *Ibidem*.
9 *Ibidem*, p. 151-153.

diagnóstica de esquizofrenia.[10] Bateson objeta a psiquiatria americana emergente, que ambiciona o estatuto de ciência e considera a esquizofrenia como uma doença do cérebro e não da família:

> Aceitarei a opinião de que os traços aparentes da esquizofrenia podem ser produzidos pela invasão parasitária e/ou por experiência, por genes e/ou por aprendizagem. Concederei até que a esquizofrenia é *tanto* uma "doença" do "cérebro", quanto uma "doença" da "família", se o doutor Stevens (seu interlocutor) conceder que o humor e a religião, a arte e a poesia sejam igualmente "doenças" do cérebro e da família ou de ambos.[11]

O ponto retomado por Lacan no Seminário 20 dirige-se, sobretudo, à ideia defendida por Bateson de que haveria, através da psicoterapia e da aprendizagem,[12] uma solução corretiva para as distorções do código próprias às esquizofrenias. Bateson aposta e confia que, após uma explosão no sistema de relações diádicas, seja possível "emergir estruturas de comunicação inteiramente novas"[13] a partir das quais propõe o uso da comunicação como conceito corretivo e unificador do campo da linguagem. Enquanto parece subsumir a noção de linguagem àquela de comunicação, com lalíngua Lacan as diferencia radicalmente: "a linguagem não é somente comunicação"[14]; "a linguagem é apenas o que o discurso científico elabora para dar conta do que chamo lalíngua"; e "lalíngua serve a coisas totalmente diferentes da comunicação"[15]. Por não considerar que o inconsciente se estruture como uma linguagem, Bateson teria do inconsciente apenas "uma ideia medíocre"[16], dirá Lacan, tributária do discurso científico vigente, que não leva o inconsciente em consideração, na medida em que este faz obstáculo ao sonho prometeico

---

10 Winkin, Y. *A nova comunicação*: da teoria ao trabalho de campo. Campinas: Papirus, 1998. p. 50.
11 Bateson, G. *apud* Winkin, 1998, *op. cit.*, p. 50.
12 Bateson, G. *La nouvelle comunication*. Paris: Éditions du Seuil, 1981. p. 134-144.
13 *Ibidem*, p. 143.
14 Lacan, 1972-1973/1985, *op. cit.*, p. 190.
15 *Ibidem*, p. 188.
16 *Ibidem*, p. 189.

de tudo saber e a tudo explicar. É o que se verificará *a posteriori* em *Mind and nature*, última obra de Bateson publicada em vida (em 1979), onde as noções de comunicação e aprendizagem atuarão como solo epistemológico a partir do qual o autor propõe um mapeamento dos fenômenos mentais tendo como base uma conexão inextricável entre epistemologia, ontologia e ecologia.

Inconsciente, saber, lalíngua

Lacan dirá que o inconsciente é o testemunho de um saber que em grande parte escapa ao ser falante. Se ele escapa, é porque é tocado pela presença de lalíngua e por toda sorte de afetos que restam enigmáticos. Lalíngua articula "coisas que vão muito mais longe do que aquilo que o ser falante suporta de saber enunciado"[17], tal como os acontecimentos de corpo, que têm sentido de gozo, e não de desejo, como é o caso das formações do inconsciente.[18] Quando se trata de sentido de desejo, há comunicação, ao passo que se há sentido de gozo, há satisfação, o que implica o corpo como o lugar do gozo. À distinção entre comunicação e satisfação, corresponde a distinção entre linguagem e lalíngua.

Os efeitos de lalíngua "que já estão lá como saber, vão bem além de tudo que o ser que fala é suscetível de enunciar"[19]. "A linguagem é feita de lalíngua. É uma elocubração de saber sobre lalíngua. Mas o inconsciente, é um *saber fazer* com lalíngua"[20], e o que se sabe fazer com lalíngua ultrapassa o que podemos dar conta a título de linguagem. O saber se declina em *saber fazer com*. No lugar do saber como efeito de verdade, das revelações, que são acontecimentos da verdade, próprios ao ciframento e ao deciframento, têm-se o nó e o corte como operações que lhes são consubstanciais.

Dizer "lalíngua em uma única palavra é designá-la pelo som, por isso que ela é anterior ao significante-mestre"[21], reenviando ao momento de

---

17 *Ibidem*, p. 190.
18 Miller, J.-A. *Todo el mundo es loco*. (2007-2008) Buenos Aires: Paidós, 2015. p. 214.
19 Lacan, 1972-1973/1985, *op. cit.*, p. 190.
20 Miller, 2015, *op. cit.*, p. 214. Grifo do autor.
21 Miller, J.-A. Teoria d'alíngua (rudimento). (1974) In: Miller, J.-A. *Matemas I*. Rio de Janeiro: Jorge Zahar Ed., 1996. p. 69.

aprendizagem da língua por cada ser falante, enquanto ela serve ao gozo. A rotina e a inércia, como propriedades da linguagem, promovem a estabilização da relação entre significante e significado. A ação de lalíngua desfaz essa estabilização, evidenciando a precariedade do simbólico e reafirmando a existência de uma animação que provém do gozo do corpo.[22]

O rato no labirinto e os cães de Pavlov

Há quem se pergunte o que pode ser o saber dos que não falam. São estes que fazem para ratos, pequenos labirintos, ironiza Lacan. O rato aprende o truque pelo qual poderá aceder à comida que garante a sobrevivência de seu corpo e lhe dá prazer. Nessa engrenagem, a questão do saber equivale a um aprender. O rato aprende a aprender? Qual seria o lugar do experimentador nesse experimento? A partir desse comentário sobre o clássico experimento do rato no labirinto, Lacan diferencia o saber da aprendizagem, pois o saber não vem sem a questão de como é que isso se ensina. Tal passagem remete a "Transferência para Saint Denis? Lacan a favor de Vincennes!". Neste brevíssimo texto, ele vaticina que o discurso analítico, por não ter nada de universal e por excluir a dominação, *nada ensina*[23]. Pois bem, *como é que o ser pode saber?*[24] Para que serve a linguagem? A linguagem é "apenas aquilo que o discurso científico elabora para dar conta de lalíngua"[25], diz Lacan.

Tendo chegado a este ponto, trago ao debate uma questão que tem me colocado a trabalho. Em 4 de novembro de 1971, no ciclo de seis conferências mensais no Hospital Sainte-Anne, lalíngua aparece pela primeira vez no ensino de Lacan (em "Saber, ignorância, verdade e gozo"). Lacan diz:

> Em matéria de linguagem, até que já sabemos alguma coisa. Falamos de linguagem-objeto na lógica e na matemática. Fala-se em metalinguagem,

---

22 Lacan, J. *Le séminaire*, livre XXI: *Les non-dupes errent*. (1973-1974) Texte établi par Jacques-Alain Miller. Lição de 11/06/2021. (Inédito)
23 Lacan, J. Transferência para Saint Denis? Lacan a favor de Vincennes! (1976) *Correio, Revista da Escola Brasileira de Psicanálise*, São Paulo, n. 65, p. 31, 2010.
24 Lacan, 1972-1973/1985, *op. cit.*, p. 12, 191.
25 *Ibidem*, p. 188.

de uns tempos para cá, no nível da biologia. Fala-se da linguagem a torto e a direito. Para começar, eu diria que, se falo de linguagem, é porque se trata de traços comuns a serem encontrados em lalíngua.[26]

E Lacan acrescenta: "Não há interpretação que não se refira à ligação entre aquilo que se manifesta de fala, no que vocês escutam, e o gozo. [...] Quer o benefício seja secundário ou não, o benefício é de gozo"[27]. "Onde é que isso habita? O gozo? Do que ele precisa? De um corpo. Para gozar, é preciso um corpo."[28]

> A dimensão pela qual o ser falante se distingue do animal é, certamente, o existir nele essa hiância pela qual ele se perderia, pela qual lhe seria permitido operar sobre o corpo ou os corpos, o seu ou os de seus semelhantes [...] para fazer surgir, em benefício deles ou do próprio, aquilo que é propriamente chamado de gozo.[29]

No Seminário 16, *De um Outro ao outro*, Lacan postula que em situações-limite, "gozo e corpo se separam"[30]. Jacques-Alain Miller enfatiza que "é essa separação entre o gozo e o corpo que faz com que o gozo seja, antes, do Outro". Ele diz: "sabemos dos traumatismos devidos ao fato de um Outro ter forçado ou imposto seu gozo ao nosso corpo. Esse regime de violação [...] é certamente o que há de mais traumático". E agrega: "somos forçados aqui, a colocar entre aspas a palavra fantasia e conceder crédito a esse traumatismo", e em sua estrutura, separar o corpo e o gozo, quando é o gozo do Outro que se impõe.[31]

É sabido que nos campos de extermínio nazistas a incomunicabilidade e a mudez, fossem elas voluntárias ou impostas por falta de um

---

26 Lacan, J. *Estou falando com as paredes*: conversas na Capela de Sainte-Anne. Rio de Janeiro: Jorge Zahar Ed., 2011. p. 24.
27 *Ibidem*, p. 26.
28 *Ibidem*, p. 29.
29 *Ibidem*.
30 Lacan, J. *O seminário*, livro 16: *De um Outro ao outro*. (1968-1969) Texto estabelecido por Jacques-Alain Miller. Rio de Janeiro: Jorge Zahar Ed., 2008. p. 266.
31 Miller, J.-A. Uma leitura do Seminário: De um Outro ao outro. *Opção Lacaniana, Revista Brasileira Internacional de Psicanálise*, São Paulo, n. 51, p. 30, abr. 2008.

entendimento da "língua do Terceiro Reich", levavam rapidamente à morte. Entender o idioma dos algozes foi um divisor de águas entre os que sucumbiram e os que sobreviveram, pois quando se entendia e lhes respondia de modo minimamente articulado, instaurava-se uma aparência de relação. A quem não os compreendia, a ordem era repetida em alta e enfurecida voz, aos berros, "com golpes, sopapos e murros"[32]. Primo Levi relata que em sua memória ficou impresso, sob a forma de um filme desfocado e frenético, cheio de som e fúria, carente de significado, um caleidoscópio de personagens sem nome nem face, imerso em um contínuo e ensurdecedor rumor de fundo, sobre o qual a palavra não aflorava. Um filme em cinza e negro, sonoro, mas não falado. No lugar do vazio cavado pela impossível comunicação, quarenta anos mais tarde, ainda recordava a forma puramente acústica de algumas frases pronunciadas em línguas desconhecidas. Irrompia à memória, perfurando as barreiras do tempo e do espaço, não o seu número de controle, mas aquele do prisioneiro que lhe precedia na listagem de certo alojamento, cuja língua oficial era o polonês, idioma nativo dos distribuidores de sopa. Quando se ouvia o próprio número, era preciso estar pronto e com o prato estendido para não perder a vez. Condicionara-se a levantar ao ouvir *stergishi stéri*, que passou a funcionar como a campainha para os cães de Pavlov, provocando uma imediata secreção de saliva. Só após a liberação dos campos, Levi descobriu que essas duas palavras juntas queriam dizer quarenta e quatro.

Em *A trégua*, vem-lhe à memória Hurbinek, nome atribuído, por homofonia e a partir dos sons inarticulados que emitia, a uma criança que conheceu na enfermaria do Lager. Aparentava ter algo em torno de três anos, tinha as pernas atrofiadas, não tinha nome e não sabia falar. A única palavra pronunciada ao longo de sua breve existência, *matisklo*, restara entre os sobreviventes para sempre um enigma. Os seus olhos, por outro lado, "dardejavam, terrivelmente vivos, cheios de busca de asserção [...] de vontade de romper a tumba do mutismo"[33]. A necessidade da palavra dotava o seu olhar de uma urgência explosiva, um olhar que

---

[32] Levi, P. *Os afogados e os sobreviventes*. São Paulo: Paz e Terra, 2004. p. 79-84.
[33] Levi, P. *A trégua*. São Paulo: Companhia das Letras, 2010. p. 19.

era ao mesmo tempo selvagem e humano, maduro e judicante, "carregado de força e de tormento"[34].

Retomo a formulação de Jacques-Alain Miller na Convenção de Antibes: sob a linguagem normalizada, que passa pelo escrito, tem-se o ouvido, a dimensão fônica, as homofonias, as significações investidas de libido, os sentidos gozados que imantam lalíngua. Num caso, temos a violação, situação em que gozo e corpo se separam. No outro, o *troumatisme*, cuja ênfase está posta sob o gozo do corpo, de um corpo que se goza em seu encontro com a linguagem. Isto posto: seria pertinente falarmos de lalíngua no caso de Hurbinek? *Matisklo* seria um índice de lalíngua? Um rudimento de linguagem? Seja como índice ou rudimento, ou ambos fusionados, terá sido o que deu vida os olhos de Hurbinek, nessa mínima brecha de tempo antes de sucumbir ao nada?

ELISA ALVARENGA:

S_1: enxame

Lacan começa a terceira parte colocando uma questão sobre o discurso científico. Se Isaac Newton – depois que Copérnico desenvolveu a teoria heliocêntrica do Sistema Solar – formulou as leis do movimento e da gravitação que criaram o ponto de vista científico dominante – até serem substituídas pela teoria da relatividade de Einstein – e pôde dizer que não fazia hipóteses *(hypotheses non fingo)*, pretendendo deduzir suas leis dos fenômenos, Lacan diz que é, ao contrário, sobre uma hipótese que uma revolução se fez, substituindo ao *isso gira* um *isso cai*. Para eliminar a hipótese, foi primeiro preciso fazê-la.

Da mesma forma, diz Lacan, ele não entra no inconsciente sem hipótese. Sua hipótese é a de que o indivíduo afetado pelo inconsciente constitui o sujeito do significante. Dizer que há hipótese é supor um sujeito ao significante. O significante é signo de um sujeito. O sujeito é pontual e evanescente, ele só é sujeito por um significante para outro

---

34 *Ibidem*, p. 20.

significante. E é porque há o inconsciente, lalíngua por coabitação com a qual se define um ser falante, que o significante pode ser chamado a fazer signo de um sujeito suposto.[35]

Lacan retorna a Aristóteles, que deu uma definição do indivíduo pelo corpo enquanto organismo. A questão que se coloca ao biólogo é saber como um corpo se reproduz. Numa experiência de química molecular, alguma coisa se precipita e uma bactéria, por exemplo, se reproduz. Se o real, para Freud, passa pela biologia, o real, para Lacan, passa pelo significante.

Lacan pergunta, então, o que é o corpo. O saber do um se revela não vir do corpo, mas do significante Um, um-entre-outros. O que quer dizer Há Um? Levanta-se um S_1, S_1 que soa em francês *essaim*, um enxame que zumbe. S_1, esse um, *essaim*, o enxame, significante-mestre, é o que garante a unidade de copulação do sujeito com o saber. É na lalíngua que se destaca a existência de um elemento, o significante Um, que não é um significante qualquer. Ele é a ordem significante, no que ela se instaura no ser falante e permite o funcionamento da cadeia significante. O Um encarnado na lalíngua é algo que resta indeciso entre o fonema, a palavra, a frase, mesmo todo o pensamento.[36] É o significante-mestre, significante Um, que Lacan ilustra por meio da rodinha de barbante que pode enlaçar-se a outra rodinha, mas que não tem um sentido em si. Trata-se, a meu ver, de um significante que se destaca do enxame de S_1 e que marca o corpo, fura o corpo, introduzindo nele o inconsciente, e que pode enodar-se depois com outros significantes, constituindo o saber inconsciente.

Temos, então, lalíngua como enxame de S_1, a extração de um S_1 que não é qualquer e com isso se elucubra o saber, tempo da linguagem. Se lalíngua é a entrada do gozo no corpo, a letra é uma marca de gozo que se inscreve como sintoma, fazendo borda ao furo no saber.[37]

---

35 Lacan, 1972-1973/1985, *op. cit.*, p. 194-195.
36 *Ibidem*, p. 196.
37 Lacan, J. Lituraterra. (1971) In: Lacan, J. *Outros escritos*. Rio de Janeiro: Jorge Zahar Ed., 2003. p. 18.

Exílio e encontro no amor

A quarta e última parte da última lição é a meu ver fundamental para concluir a reflexão de Lacan deste ano de seminário: o importante do que revelou o discurso analítico, lança Lacan, é que o saber, que estrutura por uma coabitação específica o ser falante, tem a maior relação com o amor. Todo amor se baseia em uma certa relação entre dois saberes inconscientes.[38]

Anunciou-se que a transferência é motivada pelo sujeito suposto saber, diz Lacan; trata-se de uma aplicação particular da experiência. Lacan fala do reconhecimento, por signos sempre pontuados enigmaticamente, da maneira pela qual o ser é afetado enquanto sujeito do saber inconsciente.

Não há relação sexual porque o gozo do Outro, tomado como corpo, é sempre inadequado: perverso, quando o Outro se reduz ao objeto *a*, do lado masculino; louco, enigmático, do lado feminino, onde não há um significante para dizê-lo - S($\cancel{A}$).[39] Para a mulher, o gozo do seu próprio corpo como Outro é enigmático, ela não sabe nada sobre ele. Para o homem, o gozo do corpo do Outro lhe escapa. O significante fracassa em dizer o objeto *a* ao qual o Outro é reduzido. O homem não sabe o que é uma mulher para ele. Uma mulher não sabe sobre aquilo de que goza.

Não é do defrontamento com esse impasse, com essa impossibilidade de onde se define um real, que é posto à prova o amor? Do parceiro, diz Lacan, o parceiro só pode realizar o que chamou, com poesia, a coragem, em vista desse destino fatal.[40] Para Pierre Naveau, esse destino fatal decorre do fato de o amor não poder senão atravessar a prova de uma inevitável inadequação. E no que diz respeito a esse destino fatal, o amor realiza a coragem do parceiro: "Para a mulher, é preciso coragem para enfrentar a perversão do homem. E, para o homem, é preciso coragem para enfrentar o enigma da mulher".[41]

---

38 Lacan, 1972-1973/1985, *op. cit.*, p. 197.
39 *Ibidem*.
40 *Ibidem*.
41 Naveau, P. *O que do encontro se escreve*: estudos lacanianos. (2014) Trad. Vera Avellar Ribeiro. Belo Horizonte: EBP Editora, 2017. p. 255.

Mas, pergunta Lacan, é mesmo de coragem que se trata, ou dos caminhos de um reconhecimento? Esse reconhecimento é a maneira pela qual a relação dita sexual, de sujeito a sujeito, efeito do saber inconsciente, cessa de não se escrever. Cessar de não se escrever é a fórmula da contingência, ao passo que o necessário é o que não cessa de se escrever. A relação sexual que não cessa de não se escrever é a impossibilidade, também do dizer: não há, dentro do dizer, existência da relação sexual.[42] E no momento do encontro, a relação sexual cessa de não se escrever – contingência. Uma ligação é assim estabelecida, diz Pierre Naveau, por Lacan, entre o encontro e o escrito. Naquele momento, alguma coisa se escreve, até mesmo se diz e, por isso mesmo, começa a existir. O que é que se escreve? Um traço, uma marca? Um rastro? Uma carta de amor? Uma letra?[43] O corpo é posto em jogo. A relação entre dois saberes inconscientes, que serve de ponto de apoio ao amor, traz a marca desse cessa de não se escrever. O que acontece no momento do encontro? O que faz dele um acontecimento?

A contingência, diz Lacan, é o

> encontro, no parceiro, dos sintomas, dos afetos, de tudo que em cada um marca o traço do seu exílio [...] da relação sexual. [...] Não é dizer que é somente pelo afeto que resulta dessa hiância que algo se encontra, que pode variar infinitamente quanto ao nível do saber, mas que, por um instante, dá a ilusão de que a relação sexual para de não se escrever? Ilusão de que algo não somente se articula, mas se inscreve, [...] no destino de cada um [...].[44]

Durante um tempo, diz Lacan,

> o que seria a relação sexual encontra, no ser que fala, seu traço e sua via de miragem. O deslocamento da negação, *do para de não se escrever ao não para de se escrever*, da contingência à necessidade, aí está o ponto de suspensão a que se agarra todo amor.
> [...]

---

42 Lacan, 1972-1973/1985, *op. cit.*, p. 198.
43 Naveau, 2014/2017, *op. cit.*, p. 256-257.
44 Lacan, 1972-1973/1985, *op. cit.*, p. 198.

Tal é o substituto que – pela via da existência [...] do inconsciente [...] constitui o destino e o drama do amor.[45]

Então, os sintomas e os afetos são, no parceiro, os traços do seu exílio da relação sexual. O fato de não haver relação sexual, diz Naveau, faz do ser falante um exilado. Portanto o encontro com o outro é para Lacan o encontro com sintomas e afetos, acontecimentos de corpo. Assim, a contingência se encarna como "contingência corporal"[46].

O livro de Haruki Murakami, escritor japonês cujos contos, publicados no livro *Homens sem mulheres*, deram origem ao filme, indicado ao Oscar este ano, *Drive my car*, é para mim de uma sensibilidade ímpar ao saber inconsciente inscrito no corpo e um testemunho de encontros contingentes a partir da inexistência da relação sexual. Um conto em especial – "Samsa in love"[47] – me parece um testemunho vivo do que Lacan traz aqui como a contingência do encontro que faz acontecimento no corpo.

O personagem acorda para descobrir que passara por uma metamorfose e se tornara Gregor Samsa. Nu, desprotegido, sem carapaça e sem ferrões. Uma mulher toca a campainha na casa onde se encontra sozinho, ela veio reparar a fechadura de uma porta. Era uma mulher corcunda e seu caminhar capenga lembra-lhe algo, despertando sua simpatia e logo, a ereção de todo o seu corpo gelado, aquecendo-o. O inseto repugnante, ao voltar a ser homem, encontra numa mulher os traços do seu ser exilado. Numa inusitada ficção de metamorfose ao avesso, Murakami nos aponta o encontro, contingente, no parceiro, dos sintomas inscritos no corpo, que marcam o exílio, para cada ser falante, da relação sexual.[48]

Pierre Naveau sublinha que, para Lacan, só há encontro ao acaso. Mas o sujeito tem algo a ver com aquilo que lhe acontece. É preciso que ele queira alguma coisa e que uma porta se tenha aberto. Em se

---

45 *Ibidem*, p. 199.
46 *Ibidem*, p. 126.
47 Murakami, H. Samsa in love. In: Murakami, H. *Men without women*. New York: Vintage International, 2018. p. 186-211.
48 Lacan, 1972-1973/1985, *op. cit.*, p. 198.

tratando do amor, a questão essencial é se o sujeito quer saber o que acontece nesse encontro. Se a temporalidade do amor é a do instante, nesse instante se produz uma ruptura no saber, uma descoberta.[49] O afeto que resulta da hiância da não relação sexual – um afeto de solidão e de exílio – é a condição do encontro. Trata-se de algo sobre o qual há a saber e, por outro lado, alguma coisa, no espaço de um instante, dá a ilusão de que o encontro "se escreve" no destino de cada um. Durante um tempo de suspensão, "o que seria a relação sexual encontra, no ser que fala, seu traço e sua via de miragem"[50]. O que faz o destino do ser falante é o que se inscreve de uma contingência, de uma emergência de saber.

E qual seria o drama do amor? No instante do encontro, o sujeito tem a ilusão de que a relação sexual se escreve. Nesse tempo, de suspensão, a contingência flui para a necessidade, passando do cessa de não se escrever ao não cessa de se escrever. O amor acredita, diz Naveau, e essa é sua ilusão, que assim ele se fixa. Mas sua "fixação" torna o encontro opaco. Essa passagem da contingência à necessidade constitui o destino e o drama do amor, no qual a necessidade prevalece sobre a contingência. Perigo! Quando a necessidade repele a contingência e o amor se afasta do encontro que o fez nascer, ele perde o fio da conversação, diz Naveau, que anima o desejo, e a insistência da demanda de amor mata o desejo. O amor se perde nas querelas infindáveis, ao passo que, na ocasião do encontro, dois saberes inconscientes se encontram. O drama do amor está então ligado a um não querer saber.[51]

Por isso, Lacan afirma: "Não pode acontecer que o sujeito não deseje não saber demais sobre o que é desse encontro eminentemente contingente com o outro"[52]. A ênfase é colocada por Naveau no não saber demais desse encontro que, para Lacan, é eminentemente contingente. O que estaria em questão é a paixão articulada ao acaso. Quando o sujeito não quer mais saber nada do encontro, a comédia se transforma em drama.

---

49 Naveau, 2014/2017, *op. cit.*, p. 258-259.
50 Lacan, 1972-1973/1985, *op. cit.*, p. 199.
51 Naveau, 2014/2017, *op. cit.*, p. 260-262.
52 Lacan, 1972-1973/1985, *op. cit.*, p. 199.

Cada um se recolhe à sua solidão e os amantes passam a viver vidas paralelas, dominadas por um certo silêncio. O esquecimento do instante de saber cessa de fazer ouvir a palpitação de lalíngua, mas o amor quer que se invente a cada instante, exigindo que se coloque algo de seu, que se diga alguma coisa. Que haja uma ponta de saber no encontro amoroso constitui para Naveau[53] o que Lacan chama de "escolha do amor". Só há amor com a condição de ele ser dito, diz Miller.[54] O Outro, parceiro, entra na intimidade do seu ser por meio da brecha aberta pelo instante de um saber novo. No momento do encontro entre dois corpos, Um e Um fazem dois, Um sozinho separado de um outro Um sozinho. O ser falante perde seu ser do momento em que fala. Quando o um se põe a existir na fala, o sujeito se delastra do peso do seu ser. Quando alguma coisa é dita, há algo novo para se saber. Falar é querer saber. O traço da existência do Um surge na enunciação da fala. O que tudo isso quer dizer, senão que, para haver amor, é preciso consentir com a alteridade de cada Um?

O rato e a rata

Para finalizar esta lição, Lacan diz que a relação do ser ao ser não é essa relação de harmonia proposta pela tradição aristotélica, que vê nisso gozo supremo que converge com a beatitude cristã. A abordagem do ser pelo amor faz do ser aquilo que só se sustenta com ratear. Não é à toa que Lacan falou do rato, fazendo uso do equívoco: do rato se faz uma unidade que não se ratifica, mas se rasura. O que isso quer dizer? Lacan fala do zelador que não rateava no seu ódio ao rato, eliminando-o. Um ódio igual ao ser do rato.[55]

A abordagem do ser, pergunta Lacan, não é aí que reside o extremo do amor, a verdadeira amor? A verdadeira amor, repete Lacan, no femi-

---

53 Naveau, 2014/2017, *op. cit.*, p. 263.
54 Miller, J.-A. Uma partilha sexual. (1998) *Opção Lacaniana online nova série*, São Paulo, ano 7, n. 20, jul. 2016.
55 Lacan, 1972-1973/1985, *op. cit.*, p. 199-200.

nino, desemboca no ódio.[56] O que seria a verdadeira amor? Por que no feminino? Haveria aí uma referência ao feminino não-todo, a um amor sem limites, à busca do objeto perdido, de *das Ding*?

Freud, em *As pulsões e seus destinos*, considera o amor e o ódio como destinos da pulsão, que reproduzem a polaridade prazer-desprazer. "O amor advém da capacidade do eu de satisfazer de modo autoerótico uma parte de suas moções pulsionais."[57] Originalmente narcísico, passa para os objetos incorporados, expressando os esforços em direção a esses objetos fonte de prazer e posteriormente à atividade das pulsões sexuais. Incorporar ou devorar pode suspender a existência em separado do objeto, o que se expressa na fórmula lacaniana: "eu te amo, mas como amo em ti algo mais do que tu – o objeto *a*, eu te mutilo"[58].

Se levamos em conta o além do princípio de prazer e suas consequências sobre a satisfação pulsional, teremos, em "Inibição, sintoma e angústia", a apresentação do sintoma como um avatar da pulsão, que lhe oferece, em curto-circuito, uma outra satisfação, paradoxal, no lugar do objeto que seria o bom. O objeto torna-se, assim, o núcleo do sintoma e, consequentemente, do parceiro-sintoma.[59]

É aqui que Lacan se despede, sem dizer se continuaria no próximo ano. Isso faria parte do seu destino de objeto *a*. Aos que pensam que ele se satisfaz com isso, ele diz que saber o que o parceiro vai fazer não é uma prova de amor.[60] Mais uma vez, ele parece dizer da alteridade com a qual é preciso consentir para ir além do amor narcísico e introduzir algo de novo no amor.

Por quê? Porque o amor é uma abertura ao encontro de um saber novo, contingente, distinto do saber científico que valeria para todos e poderia se transmitir sem resto. Lacan, com sua ficção do rato no

---

56 *Ibidem*, p. 200.
57 Freud, S. *As pulsões e seus destinos*. (1915) Belo Horizonte: Autêntica, 2013. p. 61. (Obras incompletas de Sigmund Freud)
58 Lacan, J. *O seminário, livro 11: Os quatro conceitos fundamentais da psicanálise*. (1964) Texto estabelecido por Jacques-Alain Miller. Rio de Janeiro: Jorge Zahar Ed., 1988. p. 254.
59 Miller, J.-A. Síntoma y pulsion. In: Miller, J.-A. *El partenaire-síntoma*. (1997-1998) Buenos Aires: Paidós, 2008. p. 73-92.
60 Lacan, 1972-1973/1985, *op. cit.*, p. 201.

labirinto, mostra que o rato não aprende a aprender, porque esse animalzinho se diferencia de nós na medida em que dispõe de um saber que não é desarmônico ao corpo. Graças ao seu saber, ele sabe fazer melhor que nós, pois, no que concerne à sua sexualidade, ele não rateia. Seu saber está inscrito no corpo. Como diz Esthela Solano-Suárez, é o experimentador que rateia no seu negócio, porque ele tem uma relação com lalíngua que afeta seu corpo. Pelo fato de habitar lalíngua, ele tem uma relação com o saber que lhe permite, por exemplo, inventar um labirinto.[61] Talvez ele queira que o rato lhe ensine como fazer para sair do labirinto de lalíngua que ele habita.

Porém há uma diferença entre o saber e a aprendizagem. O signo está à disposição do rato na medida em que é o veículo de uma presença, enquanto o saber se extrai de uma articulação significante. Pode-se introduzir o rato em um artefato concebido a partir do saber do experimentador, distinto do saber do rato, mas este não aprenderá a aprender. Essa experiência não aproxima a aprendizagem do saber.

Lacan aplica essa distinção à experiência analítica, que implica a conquista de um saber que estaria lá antes que nós o saibamos, o inconsciente. O sujeito, após uma análise, pode aprender como isso se produziu e se repete. Ele pode aprender a ler, como vimos em outra lição, embora a abelha e o pássaro não possam ler como o falasser.[62] É nesse sentido que uma análise é didática: aprendemos a ler o inconsciente.

Para Solano-Suárez, a didática como aprendizagem bem-sucedida é igual a uma rata da formação.[63] Na psicanálise, estamos no domínio de uma conquista do saber, com tudo o que isso comporta, inclusive de ratear sua presa. Há restos ineliomináveis. Cada um poderá saber fazer com o seu sintoma e consentir com encontros intersinthomáticos.[64]

Os efeitos de lalíngua afetam o corpo. Em uma análise deciframos o enigma desses traços que se inscrevem no corpo como sintoma.

---

61 Solano-Suárez, E. La formation de l'analyste et le rat dans le labyrinte. *La Lettre Mensuelle*, Paris, n. 199, p. 6-10, juin 2001.
62 Lacan, 1972-1973/1985, *op. cit.*, p. 52.
63 Solano-Suárez, 2001, *op. cit.*, p. 8.
64 Lacan, J. Conclusions du IXe Congrès de l'École freudienne de Paris. (1978) *La Cause du Désir*, Paris, n. 103, p. 21, 2019.

O inconsciente como saber fazer com lalíngua para produzir gozo se inscreve como saber no corpo, no lugar da relação sexual que não há. Saber distinto do saber instintual do rato.

A experiência analítica é como o percurso de um labirinto, a partir dos efeitos de sentido das identificações e fantasias, para isolar o sentido-gozado do sintoma. A saída do labirinto se dá através do *Witz*, para isolar o real que ex-siste ao sentido. O analista se forma então, deixando-se ensinar pelo que rateia como emergência do real, bordeando o furo do inconsciente através de uma letra que reitera.

Esta segunda edição de
Amor & gozo: mais ainda
foi impresso sobre os papeis
Cartão Supremo 250g/m² para a capa
e Avena 80g/m² para o miolo,
em Belo Horizonte, MG,
em julho de 2024,
para a editora Quixote+Do.